तुलसी दोहावली

तुलसी दोहावली

सं. राघव 'रघु'

ग्रंथ अकादमी, नई दिल्ली

प्रकाशक : **ग्रंथ अकादमी**
भवन संख्या–19, पहली मंजिल, 2, अंसारी रोड, दरियागंज, नई दिल्ली–110002
 / संस्करण : 2025 / मूल्य : चार सौ रुपए
मुद्रक : नरुला प्रिंटर्स, दिल्ली ISBN 978-93-81063-17-0

TULSI DOHAWALI

Ed. Raghav 'Raghu' ₹400.00

Published by **GRANTH AKADEMI**
Building No. 19, First Floor, 2, Ansari Road, Daryaganj, New Delhi-110002

अपनी बात

हिंदुओं के पवित्र ग्रंथ 'रामचरितमानस' के गोस्वामी रचयिता तुलसीदास को उत्तर भारत के घर-घर में वही सम्मान प्राप्त है, जो भगवान् श्रीराम को प्राप्त है। राम की अनन्य भक्ति ने उनका पूरा जीवन राममय कर दिया था। हालाँकि उनका आरंभिक जीवन बड़ा कष्टपूर्ण बीता, अल्पायु में माता के निधन ने उन्हें अनाथ कर दिया। उन्हें भिक्षाटन करके जीवन-यापन करना पड़ा। धीरे-धीरे वे भगवान् राम की भक्ति की ओर आकृष्ट हुए। हनुमानजी की कृपा से उन्हें राम-लक्ष्मण के साक्षात् दर्शन का सौभाग्य प्राप्त हुआ। इसके बाद उन्होंने 'रामचरितमानस' की रचना आरंभ की। उन्हें ब्राह्मण वर्ग का कोपभाजन भी बनना पड़ा; लेकिन अंत में भगवान् राम की कृपादृष्टि से उनके विरोधियों को मुँह की खानी पड़ी और समाज में उन्हें मान-सम्मान मिलने लगा। इतनी कठोर स्थिति में भी इतनी महान् रचना का सृजन सचमुच दैवी आशीर्वाद ही कहा जा सकता है।

इसके बाद राम, सीता और हनुमान की स्तुति-स्वरूप उन्होंने अनेक ग्रंथों की रचना की, जैसे—'रामलला नहछू', इसमें श्रीराम के यज्ञोपवीत का वर्णन है। इसका रचनाकाल सं. 1616 वि. माना जाता है; 'जानकीमंगल', इसमें नाम के अनुकूल सीताजी के विवाह का वर्णन है; 'पार्वती मंगल', इसमें पार्वतीजी के विवाह का वर्णन है। इनके अलावा 'गीतावली', 'विनयपत्रिका', 'कृष्ण गीतावली', 'सतसई दोहावली', 'हनुमान बाहुक' आदि उनकी प्रसिद्ध रचनाएँ हैं।

लेकिन जिस ग्रंथ ने उन्हें लोकप्रिय बनाया, वह रामचरितमानस ही

है। यह वही प्रसिद्ध ग्रंथ है जिसका पारायण समस्त भारत में करोड़ों लोग करते हैं। इसमें रामकथा बड़े ही सुंदर एवं मौलिक ढंग से कही गई है, जिसमें एक पारिवारिक जीवन का आदर्श उपस्थित करते हुए अध्यात्म के महान् तत्त्वों की विवेचना की गई है। 'रामचरितमानस' की लोकप्रियता का अनुमान इस बात से लगाया जा सकता है कि उत्तर भारत के मध्य क्षेत्र से उत्पन्न यह कथा भारतवासियों को ही नहीं, अपितु दुनिया भर के लोगों को किसी-न-किसी रूप में प्रेरित करती आ रही है।

यह पुस्तक उन्हीं तुलसी को समर्पित है, जो अपनी रचनाओं द्वारा हमारा मार्गदर्शन करते हैं, हमें सामाजिक व आध्यात्मिक रूप से श्रेष्ठ बनने की शिक्षा देते हैं। जो रचनाएँ उन्होंने निजी कष्ट-निवारणार्थ लिखीं, आज वे सार्वजनिक कष्ट-निवारण का माध्यम और वंदनीय हैं। यह लोक-विश्वास एवं जन-आस्था ही है कि उनकी रचनाओं में लोग अपना भौतिक, लौकिक व आध्यात्मिक कल्याण न केवल देखते हैं, बल्कि पाते भी हैं।

विषय-सूची

1

अमर रामभक्त तुलसीदास

जीवन परिचय

भारतीय समाज और संस्कृति के उद्धारक गोस्वामी तुलसीदास का जन्म उत्तर प्रदेश के बाँदा जिले के राजापुर नामक ग्राम में संवत् 1554 में हुआ था। उनके जन्म के बारे में यह दोहा प्रचलित है—

पंद्रह सौ चौवन विषै, कालिंदी के तीर।
सावन शुक्ल सप्तमी, तुलसी धरेउ शरीर॥

माता-पिता

ब्राह्मण वर्ण में सरयूपारीण ब्राह्मणों का उच्च स्थान है। इसी वंश में आत्माराम दूबे हुए, जिनका समाज में प्रतिष्ठित स्थान था। तुलसी इन्हीं के सुपुत्र थे। इनकी माता का नाम हुलसी था। कहते हैं, इनका जन्म बारह महीने तक माता के गर्भ में रहने के पश्चात् हुआ। माता हुलसी तुलसी की परम भक्त थीं। तुलसी की पूजा के फलस्वरूप उत्पन्न उस बालक का नाम उन्होंने 'तुलसी' रख दिया। जन्म के समय इनके मुँह से 'राम' शब्द का उच्चारण हुआ और उस समय इनके मुँह में बत्तीसों दाँत मौजूद थे।

शिशु का डील-डौल भी आम शिशुओं से हटकर था। वे पाँच साल के बालक के समान लगते थे। यह देखकर ब्राह्मण दंपती किसी अनिष्ट की आशंका से भयभीत हो गए। कई बुरी कल्पनाएँ उन्हें व्यथित करने लगीं। कई ज्योतिषियों ने सलाह दी कि बच्चे को थोड़े दिन के लिए कहीं बाहर भिजवा दें। अंत में वही किया गया। जन्म के तीन दिन बाद दसवीं तिथि को नवजात शिशु को ब्राह्मण दंपती ने अपनी दासी चुनिया के साथ उसके ससुराल भेज दिया और उसके अगले दिन ही, जिस अनिष्ट की आशंका वे कर रहे थे, वह आ गया। तुलसी की माता हुलसी का स्वर्गवास हो गया।

लेकिन दासी चुनिया ने बालक तुलसी को माँ का अभाव खलने नहीं दिया। उसने बड़े लाड़-प्यार से उनकी परवरिश की। लेकिन भगवान् को यह भी अधिक दिन मंजूर नहीं हुआ। कहते हैं न, कुंदन बनने के लिए कड़ी अग्नि परीक्षा से गुजरना पड़ता है, बालक तुलसी के साथ भी यह सब हो रहा था। जब वे साढ़े पाँच साल के हुए, तभी चुनिया भी चल बसी। अब तुलसी अनाथ हो गए। वे जीवन-यापन के लिए घर-घर जाकर भिक्षाटन करने लगे। कहते हैं कि भगवती पार्वती को उनकी यह हालत देखकर तरस आ गया और वे ब्राह्मणी का वेश रखकर प्रतिदिन उनके पास आकर उन्हें भोजन करवाने लगीं। इस प्रकार तुलसी का पालन-पोषण होने लगा।

बचपन

बाद में भगवान् शंकर की प्रेरणा से नरहर्यानंदजी ने तुलसी को अपना शिष्य बनाया और चूँकि जन्म के समय उन्होंने 'राम' शब्द का उच्चारण किया था, अत: उनका नाम 'रामबोला' रख दिया।

'रामबोला' को कुछ समय बाद वे अयोध्या ले गए। वहीं संवत् 1561 की माघ शुक्ला पंचमी शुक्रवार को उनका यज्ञोपवीत संस्कार करवाया गया।

शिक्षा

बालक रामबोला की बुद्धि बहुत तेज थी। एक दिन उन्होंने जब बिना सिखाए ही गायत्री मंत्र का उच्चारण किया तो गुरु नरहर्यानंद और उनके अन्य शिष्य अचंभित रह गए। गुरुजी ने उन्हें राममंत्र की दीक्षा दी और उन्हें बड़े चाव से विद्याध्ययन कराने लगे। रामबोला एक बार सुनकर ही गुरुजी की सारी बातें कंठस्थ कर लेते थे। गुरुजी उनसे बहुत प्रसन्न रहते थे।

कुछ समय अयोध्या में बिताकर गुरु शिष्य सोरों (शूकर क्षेत्र) पहुँचे। यहाँ नरहरिजी ने रामबोला को भगवान् राम की कथा सुनाई। यहाँ से वे काशी आ गए। काशी में रहकर शेष सनातनजी महाराज के सान्निध्य में रामबोला ने पंद्रह वर्ष तक वेदों का अध्ययन किया। शिक्षा पूरी होने पर वे वापस अपने पैतृक घर लौटे तो ज्ञात हुआ कि उनके पिता का स्वर्गवास हो गया है। उन्होंने उनका श्राद्ध आदि किया और वहीं रहकर लोगों को रामकथा सुनाने लगे।

विवाह

तुलसी की रामकथा वाचन शैली इतनी प्रभावशाली और रसपूर्ण थी कि जल्दी ही चारों ओर उनकी ख्याति फैल गई। लोग दूर-दूर से उनकी कथा सुनने

आने लगे। इन्हीं में एक थे पं. दीनबंधु। वे भी तुलसी की रामकथा वाचन शैली से बेहद प्रभावित थे और एक दिन इसी भावावेश में उन्होंने अपनी बारह वर्षीया पुत्री रत्नावली से उनका विवाह कर दिया। यह विवाह संवत् 1583 की ज्येष्ठ शुक्ला त्रयोदशी, गुरुवार को संपन्न हुआ।

विवाह के बाद नव-दंपती का वैवाहिक जीवन मजे से गुजरने लगा। कहते हैं कि तुलसी अपनी पत्नी से बेहद प्रेम करते थे। एक दिन रत्नावली को उनका भाई मायके ले गया तो आसक्ति में डूबे तुलसी भी पीछे-पीछे ससुराल पहुँच गए। उन्हें वहाँ देखकर रत्नावली लज्जा से गड़ गईं और उन्हें धिक्कारते हुए बोलीं, ''हे स्वामी! तुम मेरे हाड़-मांस के शरीर में इतना अनुराग रखते हो, इतना यदि अपने आराध्य भगवान् में रखते तो तुम्हारा कल्याण हो जाता।''

हाड़ मांस को देह मम, तापर जितनी प्रीति।
तिसु अधो जो राम प्रति, अवसि मिटिहि भवभीति॥

ये शब्द तुलसी को मर्माहत कर गए। उनके नेत्रों में दृढ़ता की चमक उत्पन्न हो गई और वे उलटे पैर वहाँ से लौट गए।

वैराग्य

पत्नी के शब्दों ने उनकी आँखें खोल दी थीं। अब उन्होंने अपने आराध्य को पाने का निश्चय कर लिया। उन्होंने घर-बार त्याग दिया और साधु वेश धारण करके तीर्थाटन करने लगे। प्रयाग होते हुए वे काशी पहुँचे। वहाँ से जगन्नाथ, रामेश्वरम् तथा बदरीनारायण की पैदल यात्रा करते हुए मानसरोवर पहुँचे। यहाँ उनकी भेंट काक-भुशुंडी से हुई। ये एक ब्राह्मण थे, जो लोमश ऋषि के शाप से कौआ हो गए थे। यह रामचंद्रजी के बड़े भक्त थे। इन्होंने 'भुशुंडी रामायण' की रचना भी की है। तुलसी और भुशुंडीजी में बड़े दिनों तक राम-चर्चा होती रही। इसी प्रकार तीर्थाटन करते हुए तुलसी काशी लौट आए। यहाँ रहकर वे रामकथा कहने लगे। यहाँ उनकी भेंट एक रामभक्त प्रेत से हुई। उन्होंने प्रेत से भगवान् राम के दर्शन की इच्छा जाहिर की। प्रेत ने उन्हें हनुमानजी का पता बताया कि वे राम-दर्शन में उनकी सहायता कर सकते हैं।

आराध्य भगवान् राम के दर्शन

तुलसी जाकर हनुमानजी से मिले। हनुमानजी ने कहा कि वे चित्रकूट जाएँ, वहाँ उन्हें भगवान् राम के दर्शन होंगे।

तुलसी खुशी के अतिरेक से ओतप्रोत चित्रकूट आ गए। यहाँ गंगा के रामघाट पर उन्होंने अपना आसन जमाया और अपने आराध्य देव के दर्शनों की प्रतीक्षा करने लगे। एक दिन वे भ्रमण करने निकले। सामने से उन्हें दो सुकोमल किशोर घुड़सवार आते दिखे। उन्होंने धनुष-बाण धारण कर रखा था। उनकी मनोहारी और अद्‌भुत छवि ने तुलसी को आत्मविभोर कर दिया। वे उन्हें तब तक देखते रहे जब तक कि वे नजरों से ओझल नहीं हो गए।

तभी पीछे से हनुमानजी ने आकर उन्हें थपकी दी और बोले, ''ये ही भगवान् राम और लक्ष्मण थे।''

उनकी बात सुनकर तुलसी पश्चात्ताप करने लगे कि वे अपने आराध्य को नहीं पहचान सके। तब हनुमानजी ने उन्हें ढाढ़स बँधाया और बोले, ''सुबह वे फिर तुम्हें दर्शन देने आएँगे। अबकी बार कोई भूल मत करना।''

तुलसी ने बात को गाँठ से बाँध लिया। अगले दिन बुधवार और मौनी अमावस्या थी। संवत् 1604 चल रहा था। सुबह तुलसी रामघाट पर आसन जमाए थे तभी दो सुकुमार बालक वहाँ आए और बोले, ''बाबा, हमें चंदन दो।''

हनुमान जी भी अदृश्य रूप में वहीं मौजूद थे। वे तुलसी को अपना मित्र मानते थे। उन्होंने सोचा इस बार तुलसी कोई धोखा न खा जाएँ, इसलिए वे तोते का रूप रखकर बोले—

चित्रकूट के घाट पर भइ संतन की भीर।
तुलसीदास चंदन घिसें तिलक देत रघुवीर॥

तुलसी फौरन अपने आराध्य को पहचान गए। वे भावाभिभूत होकर अपना आपा खो बैठे। भगवान् राम ने उनसे चंदन लेकर अपने तथा तुलसी के मस्तक पर लगाया और अंतर्धान हो गए। तुलसी अपने आराध्य के दर्शन पाकर कृतकृत्य हो गए। इसके इक्कीस वर्ष तक वे चित्रकूट में ही रहे, फिर संवत् 1628 में हनुमानजी के आदेश से वे अयोध्या की ओर चल पड़े। मार्ग में उन्हें भरद्वाज मुनि और याज्ञवल्क्य मुनि के दर्शन हुए। यहीं उन्हें वह रामकथा सुनने को मिली, जो कभी उन्होंने अपने गुरु नरहरिजी के मुँह से सुनी थी।

कुछ दिन अयोध्या में रहकर वे वापस काशी लौट आए। यहाँ वे प्रह्लाद घाट पर एक ब्राह्मण के यहाँ रहने लगे। यहीं रहकर उनमें काव्य-सृजन की चेतना जाग्रत् हुई और वे संस्कृत में पद्य लिखने लगे; लेकिन इस दौरान एक अद्‌भुत घटना घटित हुई। दिन में वे जितने भी पद्य लिखते, रात को वे सारे गायब हो जाते थे। ऐसा सात रातों तक लगातार होता रहा। तुलसी बेहद हतप्रभ थे। कुछ समझ में नहीं आ

रहा था। आठवीं रात को भगवान् शिव ने उन्हें स्वप्न में दर्शन दिए और बोले, ''वत्स, तुम संस्कृत छोड़ो, अपनी भाषा में काव्य-सृजन करो।''

स्वप्न देखकर तुलसी हड़बड़ाकर उठ बैठे।

उसी क्षण शिव-पार्वती उनके समक्ष प्रकट हुए। तुलसी उनके चरणों में लेट गए। शिवजी उन्हें आशीर्वाद देते हुए बोले, ''वत्स, तुम संस्कृत छोड़ो, अपनी भाषा में काव्य-रचना करो और अयोध्या जाकर रहो। मेरे आशीर्वाद से तुम्हारी रचनाएँ जग-प्रसिद्ध होंगी और सृष्टि रहते तुम्हारा नाम अजर-अमर रहेगा।''

इसके बाद शिव-पार्वती अंतर्धान हो गए और तुलसी उसी क्षण उठकर अयोध्या की ओर चल पड़े।

संवत् 1631 चल रहा था। इसी वर्ष रामनवमी के दिन से तुलसीदासजी ने श्रीरामचरितमानस की रचना आरंभ की। इस ग्रंथ को पूरा करने में उन्हें 2 वर्ष, 7 महीने और 26 दिन लगे।

अपने इस प्रिय ग्रंथ की रचना के बाद वे शिवजी की आज्ञा से पुनः काशी आ गए। यहाँ अपना ग्रंथ सर्वप्रथम उन्होंने भगवान् विश्वनाथ (शिवजी) और माता पार्वती को सुनाया। इसके बाद रात्रि को ग्रंथ को विश्वनाथ मंदिर में ही रख दिया गया। सुबह सबने देखा कि ग्रंथ पर 'सत्यं शिवं सुंदरम्' लिखा था। लोगों ने सत्यं शिवं सुंदरम् की आवाज भी सुनी। यह देखकर सब तुलसीदास की जय-जयकार करने लगे। कुछ पुजारियों-ब्राह्मणों को इससे ईर्ष्या होने लगी। उन्होंने दो चोरों को उसे चुराने के लिए भेजा। अब वह पुस्तक तुलसीदासजी की कुटिया में रखी थी। चोर वहाँ पहुँचे तो उन्होंने देखा कि तुलसी की कुटिया पर दो धनुर्धारी सुकुमार पहरा दे रहे थे। उन्हें देखते ही चोरों के मन से सारा पाप तिरोहित हो गया और वे राम-भजन करने लगे।

पंडितों की यह युक्ति कामयाब नहीं हुई तो उन्होंने कई प्रकार से 'रामचरितमानस' की परीक्षा ली और वह उन सब पर खरी उतरी। एक बार विश्वनाथ मंदिर में 'रामचरितमानस' को रखा गया और उसके ऊपर अनेक धार्मिक ग्रंथ-वेद, पुराण, स्मृति आदि रख दिए गए। प्रातः सबने देखा कि 'रामचरितमानस' सभी धर्म-ग्रंथों के ऊपर रखी है। तब सभी पंडित, ब्राह्मण और तुलसी से जलनेवाले बड़े लज्जित हुए और क्षमायाचना करने लगे। अब उनके मार्ग के सभी अवरोध दूर हो गए। तुलसीदास काशी में ही असी घाट पर रहने लगे।

तुलसी की रचनाएँ

तुलसीदासजी ने अनेक कालजयी रचनाओं का सृजन किया है, जिनमें प्रमुख

हैं—रामचरितमानस, हनुमान चालीसा, विनय पत्रिका, कवितावली, दोहावली इत्यादि।

कुछ अन्य प्रमुख रचनाएँ हैं—

1. पार्वती मंगल, 2. गीतावली, 3. रामलला नहछू, 4. रामाज्ञा प्रश्न, 5. वैराग्य संदीपनी, 6. जानकी मंगल, 7. बरवै रामायण, 8. सतसई, 9. राम शलाका, 10. श्रीकृष्ण गीतावली, 11. कुंडलिया रामायण, 12. छंदावली रामायण, 13. कवित्त रामायण, 14. छप्पय रामायण, 15. रोला रामायण, 16. झूलना, 17. कलिधर्माधर्म निरूपण, 18. संकट मोचन, 19. हनुमान बाहुक, 20. रामनाम मणि, 21. कोष मंजूषा और 22. रामाज्ञा आदि।

अंतिम समय

तुलसीदासजी के जीवन की सांध्य वेला बहुत कष्टपूर्ण बीती। एकाएक उनकी दोनों बाँहों में पके फोड़े जैसी पीड़ा होने लगी थी। इसी दौरान उन्होंने 'हनुमान बाहुक' की रचना की, जिसमें उन्होंने स्वयं कहा है—

पायेंपीर पेटपीर बाँहपीर मुँह पीर;
जर्जर सकल सरीर पीर भई है।
देव, भूत, पितर, करम, खल, काल ग्रह;
मोहि पर दवरि दमानक-सी दई है॥

इस प्रकार, अपने 126 वर्ष के जीवनकाल का अधिकांश समय गोस्वामी तुलसीदासजी ने काशी में राम-काव्य-सृजन में व्यतीत किया और संवत् 1680 श्रावण शुक्ला सप्तमी, शनिवार को अपना पंच भौतिक शरीर त्यागकर मोक्ष पा लिया।

संवत् सोलह सौ असी, असी गंग के तीर।
श्रावण शुक्ला सप्तमी, तुलसी तज्यो शरीर॥

आज तुलसी हमारे बीच नहीं हैं, लेकिन उनकी कालजयी रचनाएँ—रामचरितमानस और हनुमान चालीसा आदि हमारा सतत आध्यात्मिक मार्गदर्शन कर रही हैं और सृष्टि रहते यह सिलसिला जारी रहेगा।

□

2
चमत्कार और संस्मरण

अकबर के बंदी

अपनी रामकथा वाचन पद्धति और रचनाओं से तुलसीदासजी की ख्याति दूर-दूर तक फैलने लगी थी। यदा-कदा राम नाम के सहारे वे चमत्कार भी कर बैठते थे। उन्हें महर्षि वाल्मीकि का अवतार भी कहा जाता था। इस सब बातों से प्रभावित होकर एक बार सम्राट् अकबर ने उन्हें अपने दरबार में आमंत्रित किया।

आवभगत के बाद अकबर ने उनसे कोई चमत्कार दिखाने को कहा, लेकिन तुलसी ने ऐसा करने से इनकार कर दिया; क्योंकि यह उनके स्वभाव और आदत के विपरीत था।

तुलसी ने सम्राट् का हुक्म नहीं माना तो उसने उन्हें बंदी बनाकर कैदखाने में डलवा दिया। कुछ समय बाद ही अकबर को खबर मिली कि उसके राजमहल और राज्य में बंदरों का भीषण उपद्रव शुरू हो गया है। अनेक उपाय करने पर भी जब यह उपद्रव नहीं रुका तो सम्राट् के कुछ मंत्रियों ने उसे बताया कि तुलसीदास रामजी के भक्त और हनुमानजी के सखा-समान हैं। यह बंदर सेना हनुमानजी की आज्ञा से ही उपद्रव मचा रही है क्योंकि हमने तुलसीदासजी को अकारण ही बंदी बना लिया है।

बात अकबर की समझ में आ गई और उसने मन मारकर तुलसीदासजी को मुक्त कर दिया।

★★★

मीरा की पाती तुलसी के नाम

श्रीकृष्ण की अनन्य भक्त मीराबाई तुलसीदासजी की समकालीन थीं। वे तुलसी से बेहद प्रभावित थीं। जब उनके भक्ति मार्ग में परिजन तरह-तरह के

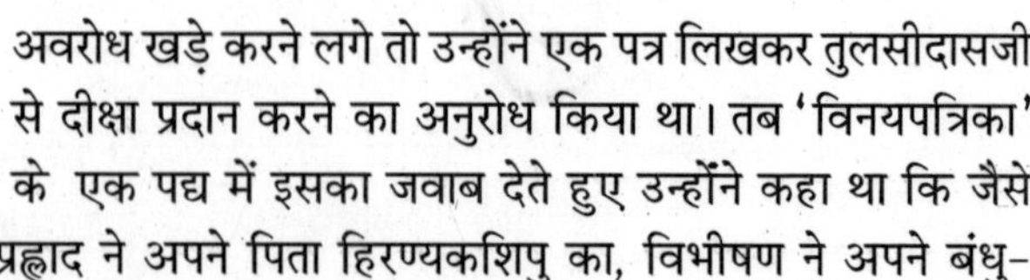

अवरोध खड़े करने लगे तो उन्होंने एक पत्र लिखकर तुलसीदासजी से दीक्षा प्रदान करने का अनुरोध किया था। तब 'विनयपत्रिका' के एक पद्य में इसका जवाब देते हुए उन्होंने कहा था कि जैसे प्रह्लाद ने अपने पिता हिरण्यकशिपु का, विभीषण ने अपने बंधु-बांधवों का और भरत ने अपनी माता का त्याग कर दिया था, उसी प्रकार भक्ति-मार्ग के सभी अवरोधकों का परित्याग कर देना चाहिए।

★★★

प्रेत का वरदान

चित्रकूट में तुलसीदासजी बड़े सवेरे उठकर दूर गंगा पार शौच के लिए जाते थे। लौटते समय लोटे में बचा पानी वे एक पेड़ की जड़ में डाल देते थे। यह सिलसिला कई दिनों तक चला। उस पेड़ पर एक प्रेत रहता था। नित्य पानी मिलने से वह प्रेत संतुष्ट होकर तुलसी के सामने प्रकट हो गया और उनसे वर माँगने को कहा।

तुलसी तो अपने इष्ट श्रीराम के दर्शन करना चाहते थे। वर में उन्होंने यही इच्छा प्रकट की। प्रेत ने उन्हें एक मंदिर का पता बताते हुए कहा कि वहाँ नित्य रामकथा होती है, जिसे सुनने के लिए एक कोढ़ी के वेश में हनुमानजी सबसे पहले आते हैं और सबसे बाद में जाते हैं। वे उन्हें राम से मिला सकते हैं।

तुलसी एक भी पल की देरी किए बगैर उस मंदिर में पहुँचे और कोढ़ी-वेश में हनुमानजी के पैर पकड़कर अपनी इच्छा जाहिर कर दी।

तुलसी की अनन्य भक्ति से हनुमानजी पसीज गए। उन्होंने राम-दर्शन की युक्ति बता दी, जिसके फलस्वरूप चित्रकूट के घाट पर तुलसी को अपने इष्ट देव के दर्शन हुए।

★★★

घर का ब्राह्मण बैल बराबर

एक बार गोस्वामी तुलसीदासजी काशी में विद्वानों के मध्य बैठकर भगवत्-चर्चा कर रहे थे कि दो देहाती कौतूहलवश वहाँ आ गए। वे दोनों गोस्वामीजी के ही ग्राम के थे और गंगा-स्नान करने काशी गए थे। दोनों ने तुलसीदासजी को पहचाना और उनमें से एक देहाती दूसरे से बोला, "अरे भैया, यह तुलसिया अपने संग खेला करता था। आज तिलक लगा लिया तो इसकी काफी पूछताछ हो रही है।" दूसरे ने भी हामी भरते हुए कहा, "हाँ भैया, यह तो पक्का बहुरूपिया है। कैसा ढोंग कर रहा है!"

तुलसीदासजी ने उन्हें देखा तो वे उनके पास चले आए। तब उनमें से एक बोला, "अरे तुलसिया, तूने यह क्या भेस बना रखा है? तू सबको धोखे में डाल सकता है, पर हम लोग तेरे धोखे में नहीं आएँगे।"

तुलसीदासजी उन दोनों के गँवारपन पर मन-ही-मन मुसकरा उठे और उनके

मुँह से यह दोहा निकला—

तुलसी वहाँ न ज़ाइए, जन्मभूमि के ठाम।
गुण-अवगुण चीन्हें नहीं, लेत पुरानो नाम॥

उन्होंने जब दोनों को इस दोहे का अर्थ समझाया, तब कहीं उन्हें विश्वास हुआ कि 'तुलसिया' तो महात्मा बन गया है।

★★★

राम सरिस कोउ नाहीं

एक बार गोस्वामी तुलसीदास संत नाभादास से सत्संग करने वृंदावन गए। तब उन्हें यह देख बड़ा दुःख हुआ कि यत्र-तत्र कृष्ण का ही भजन-पूजन हो रहा है और उनके आराध्य देव रामचंद्रजी का नाम कहीं सुनाई ही नहीं दे रहा है। तब उनके मुख से ये शब्द फूट पड़े—

राधा-कृष्ण सबै कहैं, आक ठाक अरु कैर।
तुलसी का ब्रज मों कहा, सियाराम सों बैर॥

उनके मन-मंदिर में तो प्रभु रामचंद्र की ही मन-मोहक मूर्ति विराजमान थी, अत: वे जब गोपाल मंदिर पहुँचे और वहाँ भी जब उन्हें करुणानिधान राम की मूर्ति न दिखाई दी, तो उन्होंने संकल्प किया कि जब तक राघवेंद्र की मूर्ति दिखाई नहीं देगी, वे अपना माथा नहीं नवाएँगे और आँख बंद कर उन्होंने निम्न दोहा कहा—

कहाँ-कहाँ छबि आप की, भले बने हो नाथ।
तुलसी मस्तक तब नवै, धनुष-बाण लो हाथ॥

और दीनदयालु श्रीकृष्ण को उनके संकल्प के आगे झुकना पड़ा। उन्होंने ज्यों ही आँखें खोलीं, सामने रघुकुल-तिलक श्रीराम की प्रतिमा दिखाई दी और तब उन्होंने दंडवत् प्रणाम किया।

महाराष्ट्रकवि मोरोपंत (मयूर कवि) ने 'केकावलि' में उपर्युक्त घटना का इस प्रकार वर्णन किया है—

श्रीकृष्णमूर्ति जेणें केली, श्रीराममूर्ति सज्जन हो।
रामसुत मयूर म्हणे त्याचा सुयशामृतांत मज्जन हो॥

★★★

राम-ही-राम

एक बार गोस्वामी तुलसीदासजी रात्रि को कहीं से लौट रहे थे कि सामने से

कुछ चोर आते दिखाई दिए। चोरों ने तुलसीदासजी से पूछा, "कौन हो तुम?"

उत्तर मिला, "भाई, जो तुम, सो मैं।"

चोरों ने उन्हें भी चोर समझा। बोले, "मालूम होता है, नए निकले हो। हमारा साथ दो।"

चोरों ने एक घर में सेंध लगाई और तुलसीदासजी से कहा, "यहीं बाहर खड़े रहो। अगर कोई दिखाई दे तो हमें खबर कर देना।"

चोर अंदर गए ही थे कि गोसाईंजी ने अपनी झोली में से शंख निकाला और उसे बजाना चालू किया।

चोरों ने आवाज सुनी तो डर गए और बाहर आकर देखा तो तुलसीदासजी के हाथ में शंख दिखाई दिया। उन्हें खींचकर वे एक ओर ले गए और पूछा, "शंख क्यों बजाया था?"

"आपने ही तो बताया था कि जब कोई दिखाई दे तो खबर कर देना। मैंने अपने चारों तरफ देखा तो मुझे प्रभु रामचंद्रजी दिखाई दिए। मैंने सोचा कि आप लोगों को उन्होंने चोरी करते देख लिया है और चोरी करना पाप है, इसलिए वे जरूर दंड देंगे, इसलिए आप लोगों को सावधान करना उचित समझा।"

"मगर रामचंद्रजी तुम्हें कहाँ दिखाई दि?" एक चोर ने पूछ ही लिया।

"भगवान् का वास कहाँ नहीं है? वे तो सर्वज्ञ हैं, अंतर्यामी हैं और उनका सब तरफ वास है। मुझे तो इस संसार में वे सब तरफ विराजमान दिखाई दे रहे हैं, तब किस स्थान पर वे दिखाई दिए, कैसे बताऊँ?" तुलसीदासजी ने जवाब दिया।

चोरों ने सुना तो वे समझ गए कि यह कोई चोर नहीं, महात्मा है। अकस्मात् उनके प्रति श्रद्धाभाव जाग्रत हो गया और वे उनके पैरों पर गिर पड़े। उन्होंने फिर चोरी करना छोड़ दिया और वे उनके शिष्य हो गए।

★★★

जीवनदान

एक बार गोस्वामी तुलसीदासजी मंदिर की ओर जा रहे थे कि मार्ग में एक ब्राह्मण स्त्री मिली। तुलसीदासजी को देख उसने प्रणाम किया। तब उन्होंने उसे आशीर्वाद देते हुए कहा, "सौभाग्यवती भव!"

इस पर स्त्री की आँखों में आँसू आ गए और वह दुःखित अंतःकरण से बोली, "महाराज, आपने यह क्या आशीर्वाद दे दिया? मेरे पति का आज ही निधन हुआ है और मैं सती होने वाली हूँ।"

तुलसीदासजी ने सुना तो उन्हें बेहद दुःख हुआ कि उन्होंने अनजाने में एक विधवा को सधवा होने का आशीर्वाद दे दिया है। उन्होंने मन-ही-मन अपने

आराध्य देव से प्रार्थना की कि वे उनके आशीर्वाद को वृथा न जाने दें।

करुणामूर्ति प्रभु रामचंद्रजी ने उनकी प्रार्थना सुन ली। वह स्त्री जब घर गई तो उसने देखा कि उसके पति को जीवनदान मिल गया है। उसने जान लिया कि यह गोसाईंजी की ही कृपा है। उसे विश्वास हो गया कि संत और साधु पुरुषों के वचन कभी मिथ्या नहीं होते।

★★★

आत्मानं सततं रक्षेत्

एक बार गोस्वामी तुलसीदासजी और भक्तप्रवर सूरदासजी की भेंट हुई। वे दोनों सत्संग कर रहे थे कि अकस्मात् एक उन्मत्त हाथी दौड़ता हुआ उधर आ पहुँचा। लोगों में हड़कंप मच गया और वे भयभीत हो इधर-उधर भागने लगे। वे जोर-जोर से चिल्लाकर अन्य लोगों को भी हाथी के आने के बारे में आगाह करने लगे। इससे दोनों के सत्संग में व्यवधान आया। पूछने पर जब पागल हाथी के उधर ही आने के बारे में पता चला, तब सूरदासजी भागने को उठ खड़े हुए।

यह देख गोस्वामीजी ने उनसे कहा, "अरे, दूसरों को भागने दीजिए, आप क्यों भाग रहे हैं? लगता है, भगवान् पर आपका विश्वास नहीं है! क्या दीनदयालु भगवान् हमारी रक्षा करने में समर्थ नहीं?"

यह सुन सूरदासजी मुसकराए, बोले, "आपके भगवान् धनुर्धारी हैं, इस कारण वे आपकी रक्षा करने में समर्थ हैं। मगर मेरे आराध्य तो बाल-गोपाल ठहरे। उनसे भला मेरी रक्षा कैसे हो सकती है!"

सूरदासजी के कथन का मर्म गोस्वामीजी के ध्यान में आ गया कि सूरदासजी का अपने उपास्य पर विश्वास तो था, लेकिन वे उनके जिस रूप के उपासक थे, उसी रूप पर उनकी दृढ़ आस्था और श्रद्धा थी। अपनी रक्षा के लिए बालकृष्ण पर निर्भर रहना वे उचित नहीं समझते थे, इसी कारण हाथी से अपनी रक्षा स्वयं करना उन्होंने ठीक समझा।

★★★

देनहार कोई और है

एक बार संत तुलसीदासजी के पास एक निर्धन व्यक्ति आया और उसने अपनी कन्या के विवाह के लिए कुछ मदद करने की विनती की। तुलसीदासजी ने कहा, "मैं तो ठहरा पक्का साधु! भला तेरी क्या मदद कर सकता हूँ मैं! हाँ, मेरा एक मित्र है—अब्दुर्रहीम खानखाना, जो बादशाह के दरबार में ऊँचे पद पर है और बड़ा ही दानी पुरुष है। मगर दानी लोगों से सीधे माँगना उचित नहीं है, इसलिए तेरे लिए सांकेतिक रूप से माँगकर देखूँगा।" और उन्होंने एक कागज

के टुकड़े पर निम्न पंक्ति लिखी—

"सुरतिय नरतिय नागतिय, यह चाहत सब कोय।"

ब्राह्मण जब वह कागज लेकर खानखाना के पास गया, तो उन्होंने लिखित पंक्ति का आशय समझकर पूछा, "कितना धन चाहिए?" ब्राह्मण ने कन्या के विवाह का प्रयोजन बताया। तब उन्होंने कहा, "विवाह से पहले मुझे सूचित कर देना। मैं आकर सारी व्यवस्था कर दूँगा।"

कुछ समयोपरांत ब्राह्मण से सूचना मिलने पर उन्होंने सचमुच विवाह का सारा खर्च वहन किया। लेकिन जाते समय वही कागज का टुकड़ा ब्राह्मण को देते हुए कहा, "इसमें मैंने तुसलीह को जवाब दे दिया है। उन्हें यह दिखा देना।"

ब्राह्मण ने पढ़ा तो उसमें यह लिखा पाया—"गोद लिये हुलसी फिरै, तुलसी सो सुत होय।"

तुलसीदासजी ने जब यह पंक्ति पढ़ी तो ब्राह्मण से पूछा, "उन्होंने तेरी आर्थिक रूप से मदद की थी? मगर तुझसे कोई खास बात भी तो कही होगी?"

ब्राह्मण ने जवाब दिया, "मदद तो खूब की, लेकिन कहा कुछ नहीं। हाँ, वे पहले अपना हाथ ऊपर उठाते थे और फिर नीचे की ओर देखकर सब धन देते थे।"

तुलसीदासजी ने सुना, तो कागज पर लिख दिया।

"सीखी कहाँ खानानजू ऐसी देनी देन।
ज्यों-ज्यों कर ऊँचे करी, त्यों-त्यों नीचे नैन।।"

(खानखाना, आपने इस प्रकार से दान देना कहाँ सीखा? क्योंकि देते समय जितना हाथ आप ऊपर उठाते थे, उतनी ही नजर नीचे करते थे।) और उन्होंने ब्राह्मण से वह कागज खानखाना को देने के लिए कहा।

खानखाना ने जब यह दोहा पढ़ा तो उन्होंने निम्न दोहा उसके नीचे जोड़ दिया—

"देनहार कोई और है, भेजत जो दिन रैन।
लोग भरम मुझपे करें, याते नीचे नैन॥"

(देनेवाला तो कोई और अर्थात् जगत्पालक ईश्वर है, लेकिन लोगों को भ्रम है कि मैं देता हूँ। इससे मुझे ग्लानि होती है, इस कारण अपनी नजर नीची कर लेता हूँ।)

तुलसीदासजी ने पढ़ा तो गद्गद हो गए।

□

3

तुलसी का काव्य-संसार

दोहावली

राम-नाम-जप की महिमा

चित्रकूट सब दिन बसत प्रभु सिय लखन समेत।
राम नाम जप जापकहि तुलसी अभिमत देत॥

भगवान् श्रीराम—सीता और लक्ष्मण के साथ चित्रकूट में सदा निवास करते हैं। तुलसीदास कहते हैं कि वे राम-नाम का जाप करनेवाले भक्त को मनोवांछित फल प्रदान करते हैं।

पय अहार फल खाइ जपु राम नाम षट मास।
सकल सुमंगल सिद्धि सब करतल तुलसीदास॥

तुलसीदास कहते हैं कि छह महीने तक केवल दूध पीकर अथवा फल खाकर श्रद्धापूर्वक राम-नाम का जाप करो। ऐसा करने से मनुष्य को सब प्रकार के मंगल एवं समस्त सिद्धियाँ सहज ही प्राप्त हो जाएँगी।

नाम राम को अंक है सब साधन हैं सून।
अंक गएँ कछु हाथ नहिं अंक रहें दस गून॥

राम-नाम की महिमा का वर्णन करते हुए तुलसीदास कहते हैं कि इस संसार में केवल श्रीराम का नाम ही अंक है, उसके अतिरिक्त शेष सब शून्य है। अंक के न रहने पर कुछ प्राप्त नहीं होता, परंतु शून्य के पहले अंक के आने

पर वह दस गुना हो जाता है। अर्थात् राम-नाम का जाप करते ही साधन दस गुना लाभ देनेवाले हो जाते हैं।

नाम राम को कलपतरु कलि कल्यान निवासु।
जो सुमिरत भयो भाँग तें तुलसी तुलसीदासु॥

कलियुग में केवल राम-नाम ही ऐसा कल्पवृक्ष है, जो मनोवांछित फल प्रदान करनेवाला तथा परम कल्याणकारी है। इसका सुमिरन करने से तुलसी भाँग से बदलकर तुलसी के समान हो गए हैं। अर्थात् काम, क्रोध, मोह, लोभ आदि विषय-विकारों से मुक्त होकर पवित्र, निर्दोष और ईश्वर के प्रिय हो गए हैं।

राम नाम जपि जीहँ जन भए सुकृत सुखसालि।
तुलसी इहाँ जो आलसी गयो आज की कालि॥

तुलसीदास कहते हैं कि जिन लोगों की जिह्वा निरंतर राम-नाम का जाप करती रहती है, वे सभी दुःखों से मुक्त होकर परम सुखी और पुण्यात्मा हो गए हैं। परंतु जो आलस्य के कारण नाम-जाप से विमुख रहते हैं, उनका वर्तमान और भविष्य नष्ट समझना चाहिए।

नाम गरीबनिवाज को राज देत जन जानि।
तुलसी मन परिहरत नहिं घुर बिनिआ की बानि॥

तुलसीदास कहते हैं कि दीनबंधु भगवान् श्रीराम का नाम इतना पावन है कि वह इसका जाप करनेवाले मनुष्य को सभी सुखों से युक्त राज प्रदान कर देता है। परंतु यह मन रूपी पक्षी कूड़े के ढेर में पड़े दाने को चुगने की आदत नहीं छोड़ता अर्थात् यह मन सदैव विषय-वासनाओं में डूबा रहता है।

राम नाम सुमिरत सुजस भाजन भए कुजाति।
कुतरुक सुरपुर राजमग लहत भुवन बिख्याति॥

राम-नाम का सुमिरन करने से कुलहीन और नीच मनुष्य भी सद्गुणों से युक्त होकर यश के पात्र हो गए हैं। स्वर्ग के राजमार्ग पर स्थित बुरे वृक्ष भी तीनों लोकों में ख्याति प्राप्त कर लेते हैं।

मोर मोर सब कहँ कहसि तू को कहु निज नाम।
कै चुप साधहि सुनि समुझि कै तुलसी जपु राम॥

हे जीव! तू सबको 'मेरा-मेरा' कहता है, लेकिन तू स्वयं कौन है? तेरा नाम क्या है? तुलसीदास कहते हैं कि हे जीव! तुम नाम और रूप के रहस्य को सुनकर और समझकर चुप हो जा अर्थात् 'मेरा-मेरा' कहना छोड़कर अपने स्वरूप में स्थित हो जा अथवा राम-नाम का जाप कर।

राम नाम अवलंब बिनु परमारथ की आस।
बरषत बारिद बूँद गहि चाहत चढ़न अकास॥

जो मनुष्य राम-नाम का सहारा लिये बिना ही परमार्थ अर्थात् मोक्ष की कामना करते हैं, उनकी स्थिति उन मनुष्यों जैसी होती है, जो वर्षा की बूँदों को पकड़कर आकाश पर चढ़ना चाहते हैं। अर्थात् राम-नाम की शरण लिये बिना जीवन-मृत्यु के चक्र से मुक्त होना असंभव है।

बिगरी जनम अनेक की सुधरै अबहीं आजु।
होहि राम को नाम जपु तुलसी तजि कुसमाजु॥

तुलसीदास कहते हैं कि हे मनुष्य! यदि तुम कई जन्मों से बिगड़ी हुई अपनी स्थिति को सुधारना चाहते हो तो कुसंगति और मन के समस्त विकारों को त्यागकर राम-नाम का सुमिरन करो, राम के बन जाओ।

दंपति रस रसना दसन परिजन बदन सुगेह।
तुलसी हर हित बरन सिसु संपति सहज सनेह॥

तुलसीदास परमार्थ में लीन साधक की गृहस्थी के विषय में बताते हुए कहते हैं कि रस और रसना (जीभ) पति-पत्नी हैं। दाँत उसके कुटुंबी तथा मुख सुंदर घर है। 'रा' और 'म' अक्षर दो सुंदर बालक हैं, जबकि स्नेह ही संपत्ति है।

राम नाम नर केसरी कनककसिपु कलिकाल।
जापक जन प्रहलाद जिमि पालिहि दलि सुरसाल॥

राम का नाम भगवान् नृसिंह तथा कलियुग हिरण्यकशिपु है; श्रीराम के नाम का जाप करनेवाले भक्त प्रह्लाद हैं। इस संसार में राम-नाम रूपी नृसिंह भगवान् ही कलियुग रूपी हिरण्यकशिपु द्वारा संतप्त भक्तों की रक्षा करेंगे।

राम नाम कलि कामतरु सकल सुमंगल कंद।
सुमिरत करतल सिद्धि सब पग पग परमानंद॥

भगवान् राम का नाम कल्पवृक्ष के समान है तथा सभी प्रकार से श्रेष्ठ मंगलों का भंडार है। उनका सुमिरन करने से सभी सिद्धियाँ उसी प्रकार प्राप्त हो जाती हैं, जैसे हथेली पर रखी हुई कोई वस्तु। राम-नाम का जाप पग-पग पर परम आनंद प्रदान करता है।

सकल कामना हीन जे राम भगति रस लीन।
नाम सुप्रेम पियूष ह्रद तिन्हुहुँ किए मन मीन॥

जो प्राणी सभी कामनाओं से रहित होकर श्रीराम की भक्ति में डूबे हुए हैं, उन महात्माओं ने भी राम-नाम के प्रेम रूपी अमृत-सरोवर में स्वयं को मछली बना रखा है। अर्थात् राम-नाम को त्यागने मात्र के विचार से ही वे मछली की भाँति तड़पने लगते हैं।

सबरी गीध सुसेवकनि सुगति दीन्हि रघुनाथ।
नाम उधारे अमित खल बेद बिदित गुन गाथ॥

श्रीरघुनाथ (राम) ने शबरी, जटायु आदि भक्तों को सुगति अर्थात् मोक्ष प्रदान किया है। लेकिन राम-नाम ने तो असंख्य पापियों और अधर्मियों का उद्धार कर दिया है। वेदों में भी राम-नाम की गुणगाथा वर्णित है।

लंक बिभीषन राज कपि पति मारुति खग मीच।
लही राम सों नाम रति चाहत तुलसी नीच॥

विभीषण ने श्रीराम से लंका प्राप्त की, सुग्रीव ने राज्य प्राप्त किया, हनुमान ने सेवक की पदवी प्राप्त की तथा जटायु ने देवों से भी दुर्लभ मृत्यु प्राप्त की; परंतु तुलसीदास श्रीराम से उनके राम-नाम में ही प्रेम चाहते हैं।

जल थल नभ गति अमित अति अग जग जीव अनेक।
तुलसी तो से दीन कहँ राम नाम गति एक॥

इस संसार में अनेक जीव हैं। उन जीवों में से कुछ की गति जल में है, कुछ की पृथ्वी पर है और कुछ की आकाश में। लेकिन तुलसी के लिए केवल राम-नाम ही एकमात्र गति है।

राम भरोसो राम बल राम नाम बिस्वास।
सुमिरत सुभ मंगल कुसल माँगत तुलसीदास॥

तुलसीदास कहते हैं कि केवल श्रीराम पर मेरा भरोसा है; मुझमें राम का ही बल रहे जिसके स्मरण मात्र से सभी दुःखों का नाश हो जाता है तथा शुभ मंगल की प्राप्ति होती है, उस राम-नाम में मेरा विश्वास बना रहे।

राम नाम रति राम गति राम नाम बिस्वास।
सुमिरत सुभ मंगल कुसल दुहुँ दिसि तुलसीदास॥

तुलसीदास कहते हैं कि जिन मनुष्यों का राम-नाम से प्रेम है; जिनकी राम ही एकमात्र गति हैं; जो राम-नाम में अगाध विश्वास रखते हैं, राम-नाम का स्मरणमात्र करने से ही लोक और परलोक में उनका शुभ एवं मंगल हो जाता है।

रामहि सुमिरत रन भिरत देत परत गुरु पायँ।
तुलसी जिन्हहि न पुलक तनु ते जग जीवत जायँ॥

तुलसीदास कहते हैं कि श्रीराम का स्मरण होने पर, धर्मयुद्ध में शत्रु का सामना करते समय, दान देते समय तथा गुरु-चरणों में प्रणाम करते समय जिनके शरीर में प्रसन्नता के कारण रोमांच नहीं होता, वे संसार में व्यर्थ ही जी रहे हैं।

हृदय सो कुलिस समान जो न द्रवइ हरिगुन सुनत।
कर न राम गुन गान जीह सो दादुर जीह सम॥

तुलसीदास कहते हैं कि जो हृदय श्रीराम का यशोगान सुनकर द्रवित नहीं होता, वह वज्र की भाँति कठोर है; जो जिह्वा राम-गुणों का गान नहीं करती, वह मेढ़क के समान केवल व्यर्थ की टर्र-टर्र करनेवाली है।

रहैं न जल भरि पूरि राम सुजस सुनि रावरो।
तिन आँखिन में धूरि भरि भरि मूठी मेलिये॥

श्रीराम का यश सुनकर जिन आँखों में प्रेमजल न भर जाए, उन आँखों में मट्ठी भर-भरकर धूल झोंकनी चाहिए।

तुलसी जाके होयगी अंतर बाहिर दीठि।
सो कि कृपालुहि देइगो केवटपालहि पीठि॥

तुलसीदास कहते हैं कि जिस मनुष्य की बाहरी आँखों के साथ-साथ आंतरिक आँखें भी पूरी तरह से खुली होंगी, वह केवट का उद्धार करनेवाले राम से कभी विमुख नहीं हो सकता। अर्थात् सांसारिक माया और परम-तत्त्व को समझनेवाला मनुष्य परब्रह्म श्रीराम के वास्तविक स्वरूप को भली-भाँति जानता है। इसलिए वह उनसे विमुख होने के बारे में कभी नहीं सोच सकता।

रे मन सब सों निरस ह्वै सरस राम सों होहि।
भलो सिखावत देत है निसि दिन तुलसी तोहि॥

तुलसीदास मोह-माया में डूबे मन को संबोधित करते हुए कहते हैं कि हे मन! संसार के समस्त बंधन क्षणिक सुख प्रदान करनेवाले तथा नाशवान हैं। इसलिए तू सांसारिक पदार्थों से विरक्त होकर श्रीराम से प्रेम कर। उनके शरणागत होकर तुम जीवन-मृत्यु के चक्र से सदा के लिए मुक्त हो जाओगे। इसलिए तुलसी तुझे दिन-रात केवल यही सीख देता है।

स्वारथ सीता राम सों परमारथ सिय राम।
तुलसी तेरो दूसरे द्वार कहा कहु काम॥

सीता-राम ही तुम्हारे परमार्थ अर्थात् एकमात्र परम ध्येय हैं। उनकी कृपा से तुम्हारे समस्त स्वार्थ सिद्ध हो जाएँगे। तुलसीदास कहते हैं कि फिर तुझे किसी दूसरे के द्वार पर जाने से क्या लाभ?

तुलसी स्वारथ राम हित परमारथ रघुबीर।
सेवक जाके लखन से पवनपूत रनधीर॥

तुलसीदास के सभी स्वार्थ केवल श्रीराम के लिए हैं और परमार्थ भी वे श्रीरघुनाथ हैं, जिनके लक्ष्मण और पवनपुत्र हनुमान जैसे सेवक हैं।

तुलसीदासजी की अभिलाषा

राम प्रेम बिनु दूबरो राम प्रेमहीं पीन।
रघुबर कबहुँक करहुगे तुलसिहि ज्यों जल मीन॥

हे रघुनाथ! जिस प्रकार जल में रहकर मछली पुष्ट होती है तथा जल से दूर होते ही दुर्बल होकर प्राण त्याग देती है, उसी प्रकार आप तुलसीदास को कब ऐसा करेंगे कि वे श्रीराम के प्रेम रूपी जल से पुष्ट हों तथा उनके वियोग में दुर्बल होकर प्राण त्याग दें।

आपु आपने तें अधिक जेहि प्रिय सीताराम।
तेहि के पग की पानहीं तुलसी तनु को चाम॥

तुलसीदास कहते हैं कि जिन भक्तों को भौतिक पदार्थों एवं सुख-साधनों की अपेक्षा श्रीसीता-राम अधिक प्रिय हैं, यदि मेरा चमड़ा उन भक्तों के चरणों की जूतियों में लगे तो यह मेरा सौभाग्य होगा।

स्वारथ परमारथ रहित सीता राम सनेहँ।
तुलसी जो फल चारि को फल हमार मत एहँ॥

जो मनुष्य स्वार्थ अर्थात् भौतिक सुखों एवं परमार्थ (मोक्ष) की कामना किए बिना श्रीसीताराम से निःस्स्वार्थ प्रेम करते हैं, मेरे विचार में वे धर्म, अर्थ, काम, मोक्ष के फल से भी श्रेष्ठ फल प्राप्त करते हैं।

राम-विमुखता का कुफल

तुलसी श्रीरघुबीर तजि करै भरोसो और।
सुख संपति की का चली नरकहुँ नाहीं ठौर॥

तुलसीदास कहते हैं कि जो प्राणी श्रीरघुबीर की शरण त्यागकर किसी और पर भरोसा करता है, उसे सुख-संपत्ति मिलना तो दूर, नरक में भी स्थान नहीं मिलता।

तुलसी परिहरि हरि हरहि पाँवर पूजहिं भूत।
अंत फजीहत होहिंगे गनिका के से पूत॥

हरि-महिमा का वर्णन करते हुए तुलसीदास कहते हैं कि जो मनुष्य श्रीहरि और शंकर की शरण त्यागकर नीच भूतों की पूजा करते हैं, अंत में वेश्या के पुत्रों के समान उनकी बड़ी दुर्दशा होती है।

तुलसी हरि अपमान तें होइ अकाज समाज।
राज करत रज मिलि गए सदल सकुल कुरुराज॥

पापियों एवं अधर्मियों को सचेत करते हुए तुलसीदास कहते हैं कि श्रीहरि का अपमान करनेवाले को उसी प्रकार प्रत्येक कदम पर हानि-ही-हानि झेलनी पड़ती है, जिस प्रकार भगवान् श्रीकृष्ण का अपमान करने के कारण कुरुराज दुर्योधन अपने परिवार और सेना सहित धूल में मिल गया था।

राम दूरि माया बढ़ति घटति जानि मन माँह।
भूरि होति रबि दूरि लखि सिर पर पगतर छाँह॥

श्रीराम की तुलना तेजवान् सूर्य से करते हुए तुलसीदास कहते हैं कि जिस प्रकार सूर्य के दूर रहने पर छाया लंबी हो जाती है और सूर्य के ठीक सिर के ऊपर आ जाने से छाया पैरों के नीचे आ जाती है, उसी प्रकार श्रीराम से दूर अर्थात् उनसे विमुख होकर मनुष्य-मन सांसारिक मायाजाल में फँस जाता है; परंतु मन में श्रीराम के विराजते ही उसके ऊपर से माया का प्रभाव दूर हो जाता है।

करिहौ कोसलनाथ तजि जबहिं दूसरी आस।
जहाँ तहाँ दुख पाइहौ तबहीं तुलसीदास॥

तुलसीदास कहते हैं कि कौशलपति श्रीराम को त्यागकर जब-जब दूसरे की आशा करोगे, तब-तब प्रत्येक ओर दुःख-कष्ट ही पाओगे।

बरसा को गोबर भयो को चहै को करै प्रीति।
तुलसी तू अनुभवहि अब राम बिमुख की रीति॥

तुलसीदास कहते हैं कि श्रीराम की शरण त्याग देनेवाले मनुष्य की गति बरसात में भीगे हुए उस गोबर के समान हो जाती है, जो न तो लीपने के योग्य रहता है और न ही पाथने के। फिर कौन भला उससे प्रेम करेगा!

तुलसी उद्यम करम जुग जब जेहि राम सुडीठि।
होइ सुफल सोइ ताहि सब सनमुख प्रभु तन पीठि॥

तुलसीदास कहते हैं कि जिस मनुष्य पर श्रीराम की कृपा-दृष्टि हो जाती है, उसके उद्यम एवं कर्म सफल हो जाते हैं। देह सहित सांसारिक सुखों का मोह छोड़कर वह प्रभु के सम्मुख हो जाता है।

कल्याण का सुगम उपाय

निज दूषन गुन राम के समुझें तुलसीदास।
होइ भलो कलिकाल हूँ उभय लोक अनयास॥

तुलसीदास कहते हैं कि जो मनुष्य अपने अपराधों तथा श्रीराम के गुणों को भली-भाँति समझ लेता है, कलियुग में उसका लोक और परलोक—दोनों में कल्याण हो जाता है।

तुलसी दुइ महँ एक ही खेल छाँड़ि छल खेलु।
कै करु ममता राम सों कै ममता परहेलु॥

तुलसीदास कहते हैं कि हे मन! सबकुछ छोड़कर तू दोनों में केवल एक ही खेल खेल। या तो तू केवल श्रीराम के साथ ममता कर अथवा ममता का सदा के लिए त्याग कर दे।

सनमुख आवत पथिक ज्यों दिएँ दाहिनो बाम।
तैसोइ होत सु आप को त्यों ही तुलसी राम॥

जिस प्रकार सामने आते हुए पथिक को कोई मनुष्य अपने दाएँ या बाएँ की ओर निकलने का स्थान देता है और वह पथिक भी उसी प्रकार दाएँ या बाएँ हो जाता है, उसी प्रकार मनुष्य जिस भाव से श्रीराम को भजता है, वे उसी भाव से प्राप्त होते हैं।

तुलसी जौ लौं बिषय की मुधा माधुरी मीठि।
तौ लौं सुधा सहस्त्र सम राम भगति सुठि सीठि॥

तुलसीदास कहते हैं कि जब तक विषय-वासनाओं की मिथ्या माधुरी मिठास-युक्त लगती है, तब तक श्रीराम की भक्ति अमृत के समान मधुर होने के बाद भी बिलकुल फीकी लगती है। अर्थात् भौतिक सुखों में डूबे हुए मन को भक्ति का सुख दुःख के समान प्रतीत होता है।

है तुलसी कें एक गुन अवगुन निधि कहें लोग।
भलो भरोसो रावरो राम रीझिबे जोग॥

तुलसीदास कहते हैं कि लोग मुझे अवगुणों का भंडार कहते हैं, अर्थात् मुझमें केवल अवगुण-ही-अवगुण हैं। लेकिन मुझमें एक गुण यह है कि मैं श्रीराम की शरण में हूँ; मुझे केवल श्रीराम का ही भरोसा है। इसलिए हे राम! आप मुझ पर रीझ जाना अर्थात् मुझपर अपनी कृपादृष्टि करना।

कलियुग से कौन नहीं छला जाता

सत्य बचन मानस बिमल कपट रहित करतूति।
तुलसी रघुबर सेवकहि सकै न कलजुग धूति॥

तुलसीदास कहते हैं कि जो मनुष्य सत्य वचन बोलते हैं, उनका मन निर्मल और निष्काम होता है, उनका व्यवहार कपट-रहित होता है। श्रीराम के ऐसे भक्तों को कलियुग कभी भ्रमित नहीं कर सकता अर्थात् उन्हें मोह-माया के बंधनों में फँसाया नहीं जा सकता।

गोस्वामीजी की प्रेम-कामना

नातो नाते राम कें राम सनेहँ सनेहु।
तुलसी माँगत जोरि कर जनम जनम सिव देहु॥

तुलसीदास कहते हैं कि हे शिवजी! मैं हाथ जोड़कर वरदान माँगता हूँ कि जन्म-जन्मांतर में श्रीराम के नाते ही मेरा किसी से नाता हो और श्रीराम के प्रेम के कारण ही प्रेम हो।

जौं जगीस तौ अति भलो जौं महीस तौ भाग।
तुलसी चाहत जनम भरि राम चरन अनुराग॥

तुलसीदास कहते हैं कि यदि श्रीराम समस्त संसार के स्वामी हैं तो यह बहुत ही अच्छी बात है, परंतु यदि वे केवल पृथ्वी के स्वामी हैं तो भी मेरा बड़ा सौभाग्य है। मेरी यही इच्छा है कि राम-चरणों में मेरा अनुराग सदा बना रहे।

रामभक्त के लक्षण

हित सों हित रति राम सों, रिपु सों बैर बिहाउ।
उदासीन सब सों सरल तुलसी सहज सुभाउ॥

रामभक्त के लक्षण बताते हुए तुलसीदास कहते हैं कि रामभक्त को इतना सहृदय और क्षमावान् होना चाहिए कि श्रीराम में उसका प्रेम हो, मित्रों से मैत्री हो, शत्रुओं को भी क्षमा कर दे, किसी के साथ पक्षपात न करे तथा सबके साथ प्रेम एवं सरलता का व्यवहार करे।

उद्बोधन

रामहि डरु करु राम सों ममता प्रीति प्रतीति।
तुलसी निरुपधि राम को भएँ हारेहूँ जीति॥

तुलसीदास कहते हैं कि हे प्राणी! तुम श्रीराम से डरो, उनसे प्रेम करो तथा उन पर पूर्ण विश्वास रखो। उनके कपट-रहित सेवक बनकर हार भी जीत के समान हो जाती है। अतएव सदा उनका सुमिरन करो।

सुमिरन सेवा राम सों साहब सों पहिचानि।
ऐसेहु लाभ न ललक को तुलसी नित हित हानि॥

तुलसीदास कहते हैं कि जो मनुष्य श्रीराम का स्मरण करने, उनकी सेवा का सौभाग्य प्राप्त होने तथा उनके परब्रह्म तत्त्व को पहचानने के लोभ से भी नहीं ललचाता, उसका जीवन व्यर्थ है। उसके हित की सदा हानि होती है। समस्त भौतिक सुख प्राप्त करने के बाद भी वह दुःख झेलता है।

करमठ कठमलिया कहैं ग्यानी ग्यान बिहीन।
तुलसी त्रिपथ बिहाइ गो राम दुआरें दीन॥

तुलसीदास कहते हैं कि गले में काठ की माला डाल लेने के कारण कर्मकांडी (कर्मठ) लोग मुझे 'कठमलिया' समझते हैं; जबकि ज्ञानी मनुष्य मुझे 'ज्ञान-विहीन' कहते हैं; उपासना करने की विधि से मैं पूर्णतः अनभिज्ञ हूँ। इसलिए मैं तीनों मार्ग त्यागकर श्रीराम के द्वार पर जा पड़ा हूँ, अर्थात् मैं उनकी शरण में हूँ।

बाधक सब सब के भए साधक भए न कोइ।
तुलसी राम कृपालु तें भलो होइ सो होइ॥

तुलसीदास कहते हैं कि संसार में सभी मनुष्य सबके बाधक होते हैं; कोई भी साधक का नहीं होता। साधकों के लिए केवल श्रीराम ही उपयुक्त हैं। उनका भला उन्हीं से होता है।

बिलग बिलग सुख संग दुख जनम मरन सोइ रीति।
रहिअत राखे राम कें गए ते उचित अनीति॥

चूँकि आसक्ति ही दुःख का मूल कारण है, अतः सांसारिक मायाजाल से दूर रहने में ही परम सुख है। जन्म-मरण की भी यही रीत है। श्रीराम इस संसार में रखना चाहते हैं, इसलिए मोह-रहित होकर यहाँ रहना चाहिए, अन्यथा इस नाशवान् संसार से मुक्त हो जाएँ। अर्थात् या तो संसार में श्रीराम के भक्त बनकर रहें अथवा मुक्ति के लिए प्रयत्न करें।

लोग मगन सब जोगहीं जोग जायँ बिनु छेम।
त्यों तुलसी के भावगत राम प्रेम बिनु नेम॥

सभी मनुष्य अप्राप्त वस्तु को प्राप्त करने के योग में लगे हुए हैं; परंतु प्राप्त वस्तु की रक्षा का उपाय किए बिना योग व्यर्थ है। इसी प्रकार तुलसीदास कहते हैं कि श्रीराम के प्रेम के बिना सभी नियम-धर्म व्यर्थ हैं।

तुलसी राम जो आदर्‍यो खोटा खरो खरोइ।
दीपक काजर सिर धर्‍यो धर्‍यो सुधर्‍यो धरोइ॥

तुलसीदास कहते हैं कि श्रीराम ने जिसे आदर (प्रेम) दे दिया, वह खोटा व्यक्ति भी खरा हो जाता है। जब दीपक ने काजल को अपने माथे पर धारण कर लिया तो फिर कर लिया।

घर घर माँगे टूक पुनि भूपति पूजे पाय।
जे तुलसी तब राम बिनु ते अब राम सहाय॥

तुलसीदास कहते हैं कि जब मैं श्रीराम के आश्रय से रहित था, तब घर-घर टुकड़े माँगता था; परंतु श्रीराम की शरण में जाते ही वे मेरे सहायक हो गए और अब राजा भी मेरे पैर पूजते हैं।

तुलसी रामहु तें अधिक राम भगत जियँ जान।
रिनिया राजा राम भे धनिक भए हनुमान॥

राम-भक्तों की महत्ता बताते हुए तुलसीदास कहते हैं कि श्रीराम स्वयं भक्तों के सेवक रूप में रहते हैं। इसलिए उनके भक्तों को उनसे भी ऊपर समझना चाहिए। हनुमान की भक्ति से सराबोर श्रीराम उनके ऋणी तथा हनुमान उनके साहूकार बन गए।

कियो सुसेवक धरम कपि प्रभु कृतग्य जियँ जानि।
जोरि हाथ ठाढ़े भए बरदायक बरदानि॥

हनुमानजी ने केवल सेवक-धर्म का पालन किया था, परंतु उनके इसी भक्तिभाव से कृतज्ञ होकर वर देनेवाले देवताओं को भी वरदान देनेवाले श्रीराम उनके समक्ष हाथ जोड़कर खड़े हो गए और प्रेम भरे स्वर में स्वयं को उनका ऋणी कहने लगे।

भगत हेतु भगवान प्रभु राम धरेउ तनु भूप।
किए चरित पावन परम प्राकृत नर अनुरूप॥

भक्तों के लिए ही परब्रह्म भगवान् राम ने धरती पर राजा के रूप में शरीर धारण किया तथा उनके कल्याण के लिए उन्होंने साधारण मनुष्यों की भाँति पवित्र लीलाएँ कीं।

हिरन्याच्छ भ्राता सहित मधु कैटभ बलवान।
जेहिं मारे सोइ अवतरेउ कृपासिंधु भगवान॥

जिस जगदीश्वर भगवान् ने हिरण्याक्ष सहित हिरण्यकशिपु तथा मधु-कैटभ जैसे शक्तिशाली और मायावी दैत्यों का संहार किया था, वे ही राम के रूप में धरती पर अवतरित हुए हैं।

भगवान् की बाल-लीला

बाल बिभूषन बसन बर धूरि धूसरित अंग।
बालकेलि रघुबर करत बाल बंधु सब संग॥

बाल-रूप श्रीराम सुंदर आभूषणों और वस्त्रों से सुसज्जित हैं। धूल से उनके अंग-प्रत्यंग मटमैले हो गए हैं, परंतु वे मग्न होकर अपने भाइयों और सखाओं के साथ खेल खेल रहे हैं।

राम भरत लछिमन ललित सत्रु समन सुभ नाम।
सुमिरत दसरथ सुवन सब पूजहिं सब मन काम॥

राम, भरत, लक्ष्मण और शत्रुघ्न—ये चारों परम पावन और शुभ नाम हैं। दशरथ के इन सुपुत्रों का सुमिरन करते ही मनुष्य की समस्त मनोकामनाएँ पूर्ण हो जाती हैं।

भगत भूमि भूसुर सुरभि सुर हित लागि कृपाल।
करत चरित धरि मनुज तनु सुनत मिटहिं जगजाल॥

परब्रह्म भगवान् श्रीराम—भक्त, भूमि, ब्राह्मण, गो एवं देवताओं के कल्याण के लिए मनुष्य-रूप धारण कर अवतरित होते हैं तथा विभिन्न लीलाएँ करते हैं। इन लीलाओं के श्रवण मात्र से ही मनुष्यों के समस्त दुःखों का अंत हो जाता है।

प्रार्थना

परमानंद कृपायतन मन परिपूरन काम।
प्रेम भगति अनपायनी देहु हमहि श्रीराम॥

हे परमानंद! हे कृपालु! मन की कामनाओं को पूर्ण करनेवाले श्रीराम! मुझे अपनी अविचल प्रेम रूपी भक्ति प्रदान करें। यही मेरे उद्धार का एकमात्र साधन है।

जो चेतन कहँ जड़ करइ जड़हि करइ चैतन्य।
अस समर्थ रघुनायकहि भजहिं जीव ते धन्य॥

जो परब्रह्म भगवान् चेतन (सजीव) को जड़ (निर्जीव) तथा जड़ को चेतन कर देते हैं, ऐसे सामर्थ्यवान् श्रीराम की भक्ति करनेवाले जीव धन्य हैं।

लव निमेष परमानु जुग बरस कलप सर चंड।
भजसि न मन तेहि राम कहँ कालु जासु कोदंड॥

हे मन! जिनका धनुष स्वयं काल है; लव, निमेष, परमाणु, युग, वर्ष एवं कल्प जिनके बाण हैं, तू ऐसे भगवान् राम को क्यों नहीं भजता?

बिनु सतसंग न हरिकथा तेहि बिनु मोह न भाग।
मोह गएँ बिनु रामपद होइ न दृढ़ अनुराग॥

तुलसीदास कहते हैं कि जिस प्रकार सत्संग के बिना भगवान् की कथा सुनने को नहीं मिलती, उनकी लीलाओं को सुने बिना मोह भंग नहीं होता, उसी प्रकार मोह का त्याग किए बिना श्रीराम के चरणों में अचल प्रेम नहीं होता।

अस बिचारि मतिधीर तजि कुतर्क संसय सकल।
भजहु राम रघुबीर करुनाकर सुंदर सुखद॥

हे धीरबुद्धि! श्रीराम की कृपा के बिना प्राणी का उद्धार नहीं होता, यह सोचकर सभी कुतर्कों एवं संशयों का त्याग कर दो तथा करुणामय, परम सुंदर, सुख-प्रदायक श्रीराम का भजन करो।

बिनु गुर होइ न ग्यान ग्यान कि होइ बिराग बिनु।
गावहिं बेद पुरान सुख कि लहिअ हरि भगति बिनु॥

वेद-पुराण कहते हैं कि जिस प्रकार गुरु के बिना ज्ञान नहीं मिलता या वैराग्य के बिना ज्ञान नहीं मिलता, उसी प्रकार हरि-भक्ति के बिना प्राणी को सुख की प्राप्ति कभी नहीं हो सकती। इसलिए केवल हरि की भक्ति करें।

जरउ सो संपति सदन सुखु सुहृद मातु पितु भाइ।
सनमुख होत जो रामपद करइ न सहस सहाइ॥

तुलसीदास कहते हैं कि जो संपत्ति, घर, सुख, मित्र, माता, पिता, भाई आदि श्रीराम के चरणों के सम्मुख होने में प्रसन्नतापूर्वक सहायता नहीं करते, वे जलकर नष्ट हो जाएँ। उनके होने का कोई औचित्य नहीं है।

सेइ साधु गुरु समुझि सिखि राम भगति थिरताइ।
लरिकाई को पैरिबो तुलसी बिसरि न जाइ॥

सच्चे साधुओं-महात्माओं एवं सद्‌गुरु की सेवा करके राम-भक्ति के मूल तत्त्व को समझना चाहिए। इससे मन में श्रीराम की भक्ति उसी प्रकार स्थिर हो जाएगी, जिस प्रकार बचपन का सीखा हुआ फिर तैरना नहीं भूलता।

जेहि सरीर रति राम सों सोइ आदरहिं सुजान।
रुद्रदेह तजि नेहबस बानर भे हनुमान॥

विद्वान् और ज्ञानी लोग उसी शरीर का आदर-सम्मान करते हैं जिसके

माध्यम से श्रीराम से प्रेम होता है। इसी प्रेम के लिए हनुमानजी ने रुद्र-रूप त्यागकर वानर का शरीर धारण कर लिया।

जानि राम सेवा सरस समुझि करब अनुमान।
पुरुषा ते सेवक भए हर ते भे हनुमान॥

भगवान् श्रीराम की सेवा में ही परम आनंद और सुख निहित है। यह सत्य जानकर ही जगत्-रचयिता पितामह ब्रह्माजी ने जांबवंत तथा शिवजी ने हनुमान का रूप धारण किया। इस रहस्य को समझें और श्रीराम की भक्ति की महिमा का अनुमान लगाएँ।

रावन रिपुके दास तें कायर करहिं कुचालि।
खर दूषन मारीच ज्यों नीच जाहिंगे कालि॥

कायर, नीच, पापी और अधर्मी मनुष्य ही रावण-संहारक भगवान् राम के सेवकों के साथ दुर्व्यवहार करते हैं। ऐसे मनुष्य उसी प्रकार संसार से शीघ्र कूच कर जाते हैं जिस प्रकार खर-दूषण एवं मारीच जैसे नीच काल का ग्रास बन गए।

खेलत बालक ब्याल सँग मेलत पावक हाथ।
तुलसी सिसु पितु मातु ज्यों राखत सिय रघुनाथ॥

जिस प्रकार साँप के साथ खेलते या अग्नि में हाथ डालते बालक को उसके माता-पिता रोक लेते हैं, उसी प्रकार मनुष्यों को विषय-वासनाओं तथा विषय-रूपी अग्नि की ओर अग्रसर होते देख श्रीसीताराम उन्हें बचा लेते हैं।

तुलसी दिन भल साहु कहँ भली चोर कहँ राति।
निसि बासर ता कहँ भलो मानै राम इताति॥

तुलसीदास कहते हैं कि यद्यपि साहूकार के लिए दिन भला होता है तथा चोर के लिए रात अच्छी होती है, परंतु जो मनुष्य सच्चे हृदय से श्रीराम की भक्ति करते हैं, उनके दिन और रात—दोनों ही कल्याणकारी होते हैं।

राम महिमा

तुलसी जाने सुनि समुझि कृपासिंधु रघुराज।
महँगे मनि कंचन किए सौंधे जग जल नाज॥

राम-महिमा का गान करते हुए तुलसीदास कहते हैं कि संत-महात्माओं की वाणी सुनकर वे भली-भाँति समझ गए हैं कि श्रीराम परम कृपालु और दया के सागर हैं। उन्होंने रत्न-मणियों तथा स्वर्ण को तो महँगा कर दिया, परंतु जीवित रहने के लिए आवश्यक वस्तु अर्थात् जल एवं अन्न को संसार में सुलभ बना दिया है।

चारि चहत मानस अगम चनक चारि को लाहु।
चारि परिहरें चारि को दानि चारि चख चाहु॥

मन केवल धर्म, अर्थ, काम और मोक्ष—इन चार की कामना करता है; लेकिन इनकी प्राप्ति अत्यंत कठिन है। इनके स्थान केवल चार चने अर्थात् कुछ विषय ही मिलते हैं। इसलिए इनकी कामना छोड़कर इन्हें प्रदान करनेवाले भगवान् श्रीराम की भक्ति करो, बाहर के दो तथा अंदर के दो नेत्रों (मन और बुद्धि) से इनका दर्शन करें।

राम प्राप्ति में बाधक

बेष बिसद बोलनि मधुर मन कटु करम मलीन।
तुलसी राम न पाइए भएँ बिषय जल मीन॥

तुलसीदास राम-प्राप्ति में बाधक तत्त्वों का उल्लेख करते हुए कहते हैं कि यदि बाहरी वेश साधुओं का बना लिया जाए तथा बोली भी मीठी कर ली जाए, परंतु मन कठोर और कर्म मलिन हों तो इस प्रकार विषय रूपी सागर की मछली बनने से श्रीराम की प्राप्ति कभी नहीं हो सकती। श्रीराम केवल उन्हें ही प्राप्त होते हैं जिनके मन पवित्र और कर्म निष्काम होते हैं।

श्रीराम की शरणागत वत्सलता

जातिहीन अघ जन्म महि मुक्त कीन्हि असि नारि।
महामंद मन सुख चहसि ऐसे प्रभुहि बिसारि॥

हे महामूर्ख मन! नीच जाति से संबंधित तथा पापों की जन्मभूमि शबरी को भी जिन्होंने मुक्त कर दिया, तू उस भगवान् श्रीराम से विमुख होकर सुख की कामना करता है? जबकि समस्त सुखों के आधार केवल वे ही हैं।

बालि बली बलसालि दलि सखा कीन्ह कपिराज।
तुलसी राम कृपालु को बिरद गरीब निवाज॥

श्रीराम ने सेना-राज्य आदि बलों से युक्त परम शक्तिशाली बालि को मारकर मित्र सुग्रीव को वानरराज बना दिया। तुलसीदास कहते हैं कि कृपालु श्रीराम के अवतार का उद्‌देश्य ही भक्तों का कल्याण करना है। वे शरणागत की सदैव रक्षा करते हैं।

तुलसी कोसलपाल सो को सरनागत पाल।
भज्यो बिभीषन बंधु भय भंज्यो दारिद काल॥

तुलसीदास कहते हैं कि शरणागत-धर्म का पालन करनेवाला कौशलपति श्रीराम के अतिरिक्त संसार में दूसरा कौन है? रावण के भय से विभीषण ने श्रीराम का भजन किया था, परंतु उसकी भक्ति से प्रसन्न होकर श्रीराम ने उसकी दरिद्रता और काल को नष्ट कर दिया।

जो संपति सिव रावनहि दीन्हि दिएँ दस माथ।
सोइ संपदा बिभीषनहि सकुचि दीन्हि रघुनाथ॥

भगवान् शिव ने जो धन-संपत्ति रावण को उसके दस सिरों की बलि चढ़ाने के बाद दी थी, भगवान् श्रीराम ने बड़े संकोच के साथ वह विभीषण को सौंप दी। वे यही सोचते रहे कि वे अपने भक्त को कितनी तुच्छ वस्तु प्रदान कर रहे हैं।

कहा बिभीषन लै मिल्यो कहा दियो रघुनाथ।
तुलसी यह जाने बिना मूढ़ मीजिहैं हाथ॥

विभीषण क्या लेकर श्रीराम से मिला था और उसके बदले में श्रीराम ने उसे क्या दे दिया? विभीषण के हृदय में श्रीराम के प्रति अगाध प्रेम था। उसके इसी भक्तिभाव को देखकर श्रीराम ने उसे लंका का राज्य सौंप दिया। तुलसीदास कहते हैं कि जो मनुष्य भगवान् राम के इस स्वभाव से अपरिचित हैं, वे उनकी शरण त्यागकर इस दुःखमय संसार में भटकते रहते हैं।

तेहि समाज कियो कठिन पन जेहिं तौल्यो कैलास।
तुलसी प्रभु महिमा कहौं सेवक को बिस्वास॥

जिस राक्षसराज रावण ने कैलास पर्वत को अपने हाथों से उठा लिया

था, उसी के दरबार में राम-भक्त अंगद ने अपना पैर रखकर प्रण किया था कि यदि वह उसका पैर हिला देगा तो श्रीराम सीता को त्यागकर वापस लौट जाएँगे। तब भगवान् राम ने भक्त के प्रण की रक्षा की। तुलसीदास कहते हैं कि इसे भगवान् की महिमा कहें या भक्त का विश्वास कहें।

त्राहि तीनि कह्यो द्रौपदी तुलसी राज समाज।
प्रथम बढ़े पट बिय बिकल चहत चकित निज काज॥

जिस समय दु:शासन भरे दरबार में द्रौपदी का चीर-हरण कर रहा था, उस समय द्रौपदी ने तीन बार त्राहि-त्राहि कर भगवान् हरि को पुकारा था। उनकी प्रथम पुकार सुनते ही भगवान् हरि ने उनके वस्त्र को बढ़ा दिया था। दूसरी पुकार में द्रौपदी की रक्षा हेतु वे स्वयं वहाँ आने के लिए व्याकुल हो उठे। तीसरी पुकार में उन्होंने चकित होकर दुष्टों के संहार का निश्चय कर लिया। अर्थात् भक्त द्वारा सच्चे मन से श्रद्धापूर्वक की गई एक भी पुकार को भगवान् कभी व्यर्थ नहीं जाने देते।

कृपिन देइ पाइअ परो बिनु साधें सिधि होइ।
सीतापति सनमुख समुझि जो कीजै सुभ सोइ॥

कंजूस दे देता है, पड़ा मिल जाता है, बिना साधन के सिद्धि हो जाती है। अर्थात् सीतापति श्रीराम को अपने सम्मुख जानकर जो कार्य किया जाता है, वह शुभ हो जाता है।

बिनहीं रितु तरुबर फरत सिला प्रवति जल जोर।
राम लखन सिय करि कृपा जब चितवत जेहि ओर॥

भगवान् श्रीराम, सीताजी और लक्ष्मण—जिस ओर भी स्नेह-युक्त दृष्टि से देख लेते हैं, वृक्ष बेमौसम फलने लगते हैं, पत्थरों की शिलाओं से तीव्र वेग में जल बहने लगता है।

सिला साप मोचन चरन सुमिरहु तुलसीदास।
तजहु सोच संकट मिटिहिं पूजहि मनकी आस॥

तुलसीदास कहते हैं कि हे प्राणी! शिला रूपी अहल्या को शाप से मुक्त करनेवाले भगवान् श्रीराम का नित्य सुमिरन करो तथा समस्त चिंताओं को त्याग

दो। उनके ध्यान मात्र से तुम्हारे संकट नष्ट हो जाएँगे तथा मनोकामनाएँ पूर्ण होंगी।

मुए जिआए भालु कपि अवध बिप्रको पूत।
सुमिरहु तुलसी ताहि तू जाको मारुति दूत॥

हे तुलसीदास! तुम उन भगवान् राम का स्मरण करो जिन्होंने लंका-युद्ध में मरे हुए वानरों एवं भालुओं को पुनरुज्जीवित कर दिया, अयोध्या में ब्राह्मण के मृत पुत्र में प्राण फूँक दिए, संजीवनी बूटी लाकर लक्ष्मण को जीवित करनेवाले पवनपुत्र हनुमान जिनके सेवक हैं। इससे तुम्हारे सभी कष्ट दूर हो जाएँगे।

रोग निकर तनु जरठपनु तुलसी संग कुलोग।
राम कृपा लै पालिए दीन पालिबे जोग॥

तुलसीदास श्रीराम से विनती करते हुए कहते हैं कि हे प्रभु! वृद्धावस्था से घिरा हुआ मेरा शरीर रोगों की खान है; बुरे लोगों का संग है। हे श्रीराम! अपना समझकर मेरा पालन कीजिए। यह दीन आपके पालने के योग्य है।

भव भुअंग तुलसी नकुल डसत ग्यान हरि लेत।
चित्रकूट एक औषधी चितवत होत सचेत॥

चित्रकूट की महिमा का वर्णन करते हुए तुलसीदास कहते हैं कि संसार रूपी विषैला सर्प तुलसीदास रूपी नेवले को डँसकर उसका सारा ज्ञान हरण कर लेता है। उस दशा में केवल चित्रकूट ही ऐसी औषध है, जिसकी ओर देखते ही वह पुनः सचेत हो जाता है।

राम राज्य की महिमा

राम राज राजत सकल धरम निरत नर नारि।
राग न रोष न दोष दुख सुलभ पदारथ चारि॥

राम राज्य की महिमा का वर्णन करते हुए कवि तुलसीदास कहते हैं कि उनके राज्य में सभी नर-नारी अपने-अपने धर्म का यथोचित पालन करते हैं। वहाँ कहीं भी राग, द्वेष, क्रोध, दुःख आदि नहीं है; लोगों को चारों पदार्थ—धर्म, अर्थ, काम, मोक्ष सहज ही उपलब्ध हैं।

दंड जतिन्ह कर भेद जहँ नर्तक नृत्य समाज।
जीतहु मनहि सुनिअ अस रामचंद्र कें राज॥

राम राज्य में दंड संन्यासियों के हाथों में सुशोभित है तथा भेद नर्तक-समाज में; 'जीतो' शब्द का प्रयोग केवल मन को जीतने के लिए किया जाता है।

श्रीराम की दयालुता

मुकुर निरखि मुख राम भ्रू गनत गुनहि दै दोष।
तुलसी से सठ सेवकन्हि लखि जनि परहिं सरोष॥

दयालुता का वर्णन करते हुए तुलसीदास कहते हैं कि श्रीराम की टेढ़ी भौहें एक गुण हैं; परंतु दर्पण में अपने श्रीमुख को देखकर वे यह सोचते हुए भौहों को दोष देते हैं कि इन्हें देखकर तुलसी के समान सेवकों को कहीं इन भौहों में क्रोध का आभास न हो जाए।

श्रीराम की धर्म धुरंधरता

सहसनाम मुनि भनित सुनि तुलसी बल्लभ नाम।
सकुचित हियँ हँसि निरखि सिय धरम धुरंधर राम॥

मुनि द्वारा कहे गए राम के सहस्र नामों में 'तुलसी-वल्लभ' नाम सुनकर धर्म धुरंधर भगवान् श्रीराम हँसते हुए सीताजी को देखते हैं तथा मन-ही-मन सकुचाते हैं।

श्रीराम की कीर्ति

तुलसी बिलसत नखत निसि सरद सुधाकर साथ।
मुकुता झालरि झलक जनु राम सुजसु सिसु हाथ॥

श्रीराम की कीर्ति का वर्णन करते हुए तुलसीदास कहते हैं कि रात्रि में शरद पूर्णिमा के चंद्रमा के साथ नक्षत्रावली ऐसी शोभायमान है मानो श्रीराम के सुयश रूपी शिशु के हाथ में मोतियों की झालर झिलमिला रही हो।

प्रभु गुन गन भूषन बसन बिसद बिसेष सुबेस।
राम सुकीरति कामिनी तुलसी करतब केस॥

भगवान् श्रीराम के गुणों का समूह उनकी कीर्ति रूपी कामिनी के वस्त्र एवं आभूषण हैं, जिनसे उनका वेश अत्यंत सुंदर और स्वच्छ प्रतीत होता है। तुलसीदास की जो करतूत है, काली होने के कारण वह उनकी केश है।

राम चरित राकेस कर सरिस सुखद सब काहु।
सज्जन कुमुद चकोर चित हित बिसेषि बड़ लाहु॥

श्रीराम का चरित्र पूर्णिमा के चंद्रमा की किरणों की भाँति समस्त संसार को सुख प्रदान करने वाला है, परंतु सज्ज नरूपी कुमुद और चकोर के चित्त के लिए वह विशेष रूप से हितकारी और लाभदायक है।

राम कथा की महिमा

राम कथा मंदाकिनी चित्रकूट चित चारु।
तुलसी सुभग सनेह बन सिय रघुबीर बिहारु॥

रामकथा की महिमा का वर्णन करते हुए कवि तुलसीदास कहते हैं कि श्रीराम-कथा मंदाकिनी नदी तथा भक्ति से परिपूर्ण चित्त चित्रकूट के समान है। स्नेह ही वह सुंदर वन है, जिसमें श्रीराम सीता सहित विहार करते हैं।

हरि हर जस सुर नर गिरहुँ बरनहिं सुकबि समाज।
हाँड़ी हाटक घटित चरु राँधे स्वाद सुनाज॥

कविगण भगवान् श्रीहरि और भोलेनाथ के यश का वर्णन संस्कृत और स्थानीय भाषा—दोनों में करते हैं। उत्तम अनाज मिट्टी की हाँड़ी में पकाया जाए या सोने के पात्र में, स्वादिष्ट ही होता है।

राम सरूप तुम्हार बचन अगोचर बुद्धि पर।
अबिगत अकथ अपार नेति नेति नित निगम कह॥

तुलसीदास कहते हैं कि हे श्रीराम! आपके स्वरूप का वर्णन वाणी से अगोचर और बुद्धि से परे है। इसे न तो कोई जान सकता है, न ही इसका वर्णन कर सकता है और न ही इससे पार पा सकता है। इसलिए वेद में भी 'नेति-नेति' कहकर उसका वर्णन करते हैं।

श्रीरामजी की भक्त-वत्सलता :

हित उदास रघुबर बिरह बिकल सकल नर नारि।
भरत लखन सिय गति समुझि प्रभु चख सदा सुबारि॥

श्रीराम के विरह में अयोध्या के समस्त नर-नारी उदास और व्याकुल थे। लेकिन भरत, लक्ष्मण और सीता की दशा को देख-समझकर श्रीराम के नेत्रों में आँसू भरे रहते थे।

सीता, लक्ष्मण और भरत के राम प्रेम की अलौकिकता

सीय सुमित्रा सुवन गति भरत सनेह सुभाउ।
कहिबे को सारद सरस जनिबे को रघुराउ॥

सीताज़ी और लक्ष्मण के अनन्य प्रेम तथा भरत के स्नेह-युक्त स्वभाव का वर्णन केवल सरस्वती ही कर सकती हैं तथा उसे जानने के लिए श्रीरघुनाथजी ही समर्थ हैं।

सब बिधि समरथ सकल कह सहि साँसति दिन राति।
भलो निबाहेउ सुनि समुझि स्वामिधर्म सब भाँति॥

सभी यही कहते हैं कि प्रेम के तत्त्व को जानने तथा उसका निर्वाह करने में केवल राम ही समर्थ हैं। इसलिए उन्होंने सबकुछ सुन-समझकर, दिन-रात कष्ट सहते हुए अपने स्वामी-धर्म का यथोचित पालन किया है।

संपति चकई भरत चक मुनि आयस खेलवार।
तेहि निसि आश्रम पिंजराँ राखे भा भिनुसार॥

तुलसीदास कहते हैं कि भोग-विलास की सामग्री चकवी है और भरत चकवे हैं। भरद्वाज मुनि की आज्ञा खिलाड़ी है, जिसने चकवा और चकवी को आश्रम रूपी पिंजरे में बंद कर दिया। लेकिन सवेरा होने पर भी उन दोनों में मिलन नहीं हुआ। अर्थात् राम-प्रेम में डूबे भरत को भौतिक सुख भी अपनी ओर नहीं खींच पाए।

सधन चोर मग मुदित मन धनी गही ज्यों फेंट।
त्यों सुग्रीव बिभीषनहि भई भरत की भेंट॥

जिस प्रकार धन लेकर जाते हुए चोर को मार्ग में धनी पकड़ लेते हैं और

उस समय चोर की जो दशा होती है, वैसी ही दशा राम-भरत के मिलन पर सुग्रीव और विभीषण की हो रही है। वे राज्य के लिए अपने भाई को मरवाकर स्वयं को श्रीराम का सबसे बड़ा और निकटतम भक्त समझते थे, परंतु भरत ने भाई के लिए सबकुछ त्यागकर स्वयं को उनसे भी बड़ा भक्त सिद्ध कर दिया।

राम सराहे भरत उठि मिले राम सम जानि।
तदपि बिभीषन कीसपति तुलसी गरत गलानि॥

तुलसीदास कहते हैं कि भगवान् राम ने सुग्रीव और विभीषण की बड़ी प्रशंसा की; भरत भी उन्हें श्रीराम के समान समझकर प्रेमपूर्वक गले मिले। परंतु फिर भी सुग्रीव और विभीषण उनके निस्स्वार्थ भाव को देखकर ग्लानि से भरे जा रहे थे।

लक्ष्मण महिमा

ललित लखन मूरति मधुर सुमिरहु सहित सनेह।
सुख संपति कीरति बिजय सगुन सुमंगल गेह॥

लक्ष्मण-महिमा का वर्णन करते हुए तुलसीदास कहते हैं कि जो सुख, संपत्ति, कीर्ति, विजय, सद्‌गुण और सुंदर कल्याण के घर हैं, उन श्रीलक्ष्मण की मधुर मूर्ति का प्रेमभाव से सुमिरन करो।

कौशल्या महिमा

कौसल्या कल्यानमइ मूरति करत प्रनाम।
सगुन सुमंगल काज सुभ कृपा करहिं सियराम॥

कौशल्या की महिमा का गान करते हुए तुलसीदास कहते हैं कि माता कौशल्या ममता की मूर्ति हैं। उन्हें प्रणाम करने से सभी शुभ शगुन और सुंदर मंगल होते हैं, भक्तों के समस्त कार्य पूर्ण होते हैं तथा श्रीसीताराम कृपा करते हैं।

सीता महिमा

सीताचरन प्रनाम करि सुमिरि सुनाम सुनेम।
होहिं तीय पतिदेवता प्राननाथ प्रिय प्रेम॥

जो स्त्रियाँ सीताजी के चरणों में नियमित प्रणाम करती हैं तथा उनके नाम का सुमिरन करती हैं, वे पतिव्रता हो जाती हैं। उन्हें अपने प्रिय प्राणनाथ का प्रेम प्राप्त होता है।

रामचरित्र की पवित्रता

तुलसी केवल कामतरु रामचरित आराम।
कलितरु कपि निसिचर कहत हमहिं किए बिधि बाम॥

तुलसीदास कहते हैं कि श्रीरामचरित्र रूपी बगीचे में केवल कल्पवृक्ष ही है। सुग्रीव आदि वानर और विभीषण आदि राक्षस कहते हैं कि ईश्वर ने हमें पाप-युक्त देह प्रदान की, परंतु श्रीराम ने इस रूप में भी हमें अपने चरित रूपी उद्यान में स्थान दिया।

कैकेयी की कुटिलता

मातु सकल सानुज भरत गुरु पुर लोग सुभाउ।
देखत देख न कैकइहि लंकापति कपिराउ॥

सभी माताओं, लक्ष्मण, भरत, शत्रुघ्न, गुरुजन और समस्त अयोध्यावासियों के प्रेमयुक्त स्वभाव को सुग्रीव एवं विभीषण भाव-विभोर होकर देख रहे हैं। लेकिन कैकेयी के कुटिलता-युक्त स्वभाव को देखकर उन्हें दुःख होता है।

तुलसी जान्यो दसरथहिं धरमु न सत्य समान।
रामु तजे जेहि लागि बिनु राम परिहरे प्रान॥

तुलसीदास कहते हैं कि सत्य के अतिरिक्त कोई मानव-धर्म नहीं है, इस बात को महाराज दशरथ ने समझा था। इसी सत्य-पालन के लिए उन्होंने अपने प्रिय राम का त्याग कर दिया और फिर उनके वियोग में अपने प्राण त्याग दिए।

जीवन मरन सुनाम जैसें दसरथ राय को।
जियत खिलाए राम नाम बिरहँ तनु परिहरेउ॥

जीवन-मृत्यु में राजा दशरथ का जो नाम हुआ, वह किसी के लिए भी संभव नहीं है। जीवित रहते हुए उन्होंने श्रीराम को गोद में खिलाया और अंत में उन्हीं के विरह में अपने प्राण त्याग दिए।

बिरत करम रत भगत मुनि सिद्ध ऊँच अरु नीचु।
तुलसी सकल सिहात सुनि गीधराज की मीचु॥

तुलसीदास कहते हैं कि गिद्धराज की दुर्लभ मृत्यु के विषय में सुनकर विरक्त, कर्मयोगी, भक्त, ज्ञानी, मुनि, सिद्ध—सभी उनसे ईर्ष्या करने लगे। वे सोचने लगे कि इस प्रकार की मृत्यु उन्हें क्यों नहीं मिली?

मुएँ मुकुत जीवत मुकुत मुकुत मुकुत हूँ बीचु।
तुलसी सबही तें अधिक गीधराज की मीचु॥

तुलसीदास कहते हैं कि मुक्ति-मुक्ति में अंतर होता है। कोई मृत्यु के बाद मुक्त होता है तो कोई जीवित रहते हुए ही मुक्त हो जाता है; परंतु इन सबसे बढ़कर गिद्धराज की मुक्ति हुई है, क्योंकि उन्हों ने श्रीराम का कार्य करते हुए अपने प्राण त्यागे।

रघुबर बिकल बिहंग लखि सो बिलोकि दोउ बीर।
सिय सुधि कहि सिय राम कहि देह तजी मति धीर॥

श्रीरघुनाथ ने पीड़ा से व्याकुल गिद्धराज को देखा। उस धीर बुद्धि जटायु ने भी दोनों भाइयों को देखा और सीताजी का समाचार सुनाकर 'सीताराम-सीताराम' कहकर प्राण त्याग दिए।

रामकृपा की महत्ता

केवट निसिचर बिहग मृग किए साधु सनमानि।
तुलसी रघुबर की कृपा सकल सुमंगल खानि॥

रामकृपा की महिमा गाते हुए तुलसीदास कहते हैं कि श्रीरघुनाथ समस्त सुमंगलों की खान हैं। उनकी कृपा प्राप्त करके केवट, विभीषण जैसे राक्षस, जटायु जैसे पक्षी तथा वानर-भालू भी सम्मानित होकर साधु बन गए हैं।

धीर बीर रघुबीर प्रिय सुमिर समीर कुमारु।
अगम सुगम सब काज करु करतल सिद्धि बिचारु॥

तुलसीदास कहते हैं कि श्रीराम के प्यारे धीर-वीर पवनपुत्र हनुमान का स्मरण करके किया गया कोई भी दुर्लभ या सुलभ कार्य सहज ही पूर्ण हो जाता है, सफलता सदा कदम चूमती है।

सकल काज सुभ समउ भल सगुन सुमंगल जानु।
कीरति बिजय बिभूति भलि हियँ हनुमानहि आनु॥

हृदय में हनुमानजी का श्रद्धापूर्वक ध्यान करने से प्राणी के सभी कार्य सिद्ध होते हैं, दुःख-रहित अच्छे दिन आते हैं; सद्गुण, सुमंगल, कीर्ति, विजय और विमल विभूति की प्राप्ति होती है।

भुज तरु कोटर रोग अहि बरबस कियो प्रबेस।
बिहगराज बाहन तुरत काढ़िअ मिटै कलेस॥

हे गरुड़वाहन हरि! मेरी भुजा कोटर के समान है, जिसमें रोग रूपी सर्प घुस गया है। आप मुझपर कृपा करें और इसे शीघ्र निकाल डालें, जिससे मेरे कष्ट का नाश हो जाए।

काशी महिमा

मुक्ति जन्म महि जानि ग्यान खानि अघ हानि कर।
जहँ बस संभु भवानि सो कासी सेइअ कस न॥

जिस काशी में देवी पार्वती सहित साक्षात् भगवान् शिव विराजमान हैं, उसे पापों का नाश करनेवाली, ज्ञान-प्रदायक और मुक्ति देनेवाली समझकर उसका सेवन करो।

शंकर महिमा :

जरत सकल सुर बृंद बिषम गरल जेहिं पान किय।
तेहि न भजसि मन मंद को कृपालु संकर सरिस॥

तुलसीदास कहते हैं कि जिस समय समुद्र-मंथन के समय निकलनेवाले हलाहल विष से समस्त देवगण जल उठे, उस समय भगवान् शिव ने उसका पान करके सृष्टि की रक्षा की। हे मूर्ख मन! तू उस भगवान् शिव का सुमिरन क्यों नहीं करता? उनके समान परम कृपालु दूसरा कोई नहीं है।

प्रेम में प्रपंच बाधक है

प्रेम सरीर प्रपंच रुज उपजी अधिक उपाधि।
तुलसी भली सुबैदई बेगि बाँधिऐ ब्याधि॥

तुलसीदास कहते हैं कि विषयासक्ति का रोग लगने से प्रेम रूपी शरीर में भयंकर पीड़ा उत्पन्न हो जाती है; परंतु श्रेष्ठ उपचार इसी में है कि व्याधि को शीघ्र रोक दिया जाए। अर्थात् राम-भक्ति द्वारा स्वयं को विषय-आसक्ति से दूर रखें।

अभिमान ही बंधन का मूल है

हम हमारं आचार बड़ भूरि भार धरि सीस।
हठि सठ परबस परत जिमि कीर कोस कृमि कीस॥

अभिमान के बारे में तुलसीदास कहते हैं कि 'हम बड़े, हमारा आचार बड़ा', ऐसे अभिमान का बोझ सिर पर रखकर हम मूर्ख तोते, रेशम के कीड़े और बंदर की भाँति स्वयं को बंधनों में बाँधकर पराधीन कर लेते हैं।

भगवन्माया की दुर्ज्ञेयता

सुखसागर सुख नींद सब सपने सब करतार।
माया मायानाथ की को जग जाननिहार॥

इस सृष्टि में केवल सुखसागर परमात्मा ही जीव रूप में सुख की नींद सोते हुए स्वप्न में समस्त कार्य कर रहे हैं। माया के स्वामी की माया को जानने वाला संसार में उनके अतिरिक्त दूसरा कौन है?

सृष्टि स्वप्नवत् है :

सपनें होइ भिखारि नृपु रंकु नाकपति होइ।
जागें लाभु न हानि कछु तिमि प्रपंच जियँ जोइ॥

जिस प्रकार स्वप्न में राजा भिखारी और इंद्र कंगाल हो जाता है, परंतु नींद से जागने पर सकुछ यथावत् रहता है—अर्थात् कोई लाभ या हानि नहीं होती, उसी प्रकार विषयासक्ति से भरे इस संसार को भी हृदय से स्वप्न की भाँति देखना चाहिए।

हमारी मृत्यु प्रतिक्षण हो रही है

तुलसी देखत अनुभवत सुनत न समुझत नीच।
चपरि चपेटे देत नित केस गहें कर मीच॥

मृत्यु का वर्णन करते हुए तुलसीदास कहते हैं कि हे नीच! मृत्यु तेरी चोटी पकड़कर नित्य तुझे चपत लगा रही है अर्थात् क्षण-प्रतिक्षण तेरा भक्षण कर रही है, परंतु अपनी यह दशा देखकर, सुनकर और अनुभव करके भी तू नहीं समझता और भोग-विलास में डूबा हुआ है।

काल की करतूत

करम खरी कर मोह थल अंक चराचर जाल।
हनत गुनत गनि गुनि हनत जगत ज्योतिषी काल॥

काल के कार्य का वर्णन करते हुए तुलसीदास कहते हैं कि संसार में काल रूपी ज्योतिषी हाथ में कर्म रूपी खड़िया लेकर मोहरूपी पट्टी पर चराचर जीव रूपी अंकों को बनाता है, हिसाब लगाता है और फिर एक-एक कर उन्हें मिटा देता है।

इंद्रियों की सार्थकता

कहिबे कहँ रसना रची सुनिबे कहँ किए कान।
धरिबे कहँ चित हित सहित परमारथहि सुजान॥

परमात्मा ने जीभ की रचना भगवद्-चर्चा के लिए की है; भगवद् को सुनने के लिए कानों की रचना की तथा प्रेम सहित भगवान् का ध्यान करने के लिए चित्त को बनाया।

विषयासक्ति के नाश बिना ज्ञान अधूरा है

परमारथ पहिचानि मति लसति बिषयँ लपटानि।
निकसि चिता तें अधजरित मानहुँ सती परानि॥

परमार्थ को जानने के बाद भी विषयों में लिपटी हुई बुद्धि ऐसी प्रतीत होती है मानो चिता से निकलकर भागी हुई कोई अधजली सती।

साधु के लिए पूर्ण त्याग की आवश्यकता

खरिया खरी कपूर सब उचित न पिय तिय त्याग।
कै खरिया मोहि मेलि कै बिमल बिबेक बिराग॥

इस दोहे द्वारा तुलसीदास उन मनुष्यों को संबोधित कर रहे हैं, जो साधु हो जाने के बाद भी विषयासक्ति से घिरे रहते हैं। वे कहते हैं कि साधु हो जाने के बाद भी यदि झोली में खरी और कपूर रखना है तो साधु-वेश का त्याग कर दो, अन्यथा विशुद्ध ज्ञान और वैराग्य को धारण करो।

विषयों की आशा दुःख का मूल है

तुलसी अद्‌भुत देवता आसा देवी नाम।
सेएँ सोक समर्पई बिमुख भएँ अभिराम॥

तुलसीदास कहते हैं कि 'आशा' एक ऐसी अद्‌भुत देवी है जिसकी सेवा करने से शोक और इससे विमुख होने पर सुख प्राप्त होता है।

विषय-सुख की हेयता

करत न समुझत झूठ गुन सुनत होत मति रंक।
पारद प्रगट प्रपंचमय सिद्धिउ नाउँ कलंक॥

विषयों में डूबा मनुष्य विषयों के लिए चेष्टा करते हुए यह नहीं समझता कि इसमें कहीं भी सुख नहीं मिलता। विषयों में डूबे रहने के कारण उनकी बुद्धि नष्ट हो जाती है। यह प्रपंचमय विषय-सुख प्रत्यक्ष पारे के समान है, जिसके सिद्ध होने पर भी उसके नाम 'कलंक' लगता है।

लोभ की प्रबलता :

ग्यानी तापस सूर कबि कोबिद गुन आगार।
केहि कै लोभ बिडंबना कीन्हि न एहिं संसार॥

ज्ञानी, तपस्वी, शूरवीर, कवि, पंडित और गुणों से युक्त इस संसार में ऐसा कौन सा मनुष्य है, लोभ ने जिसका सर्वनाश न किया हो।

माया की फौज

ब्यापि रहेउ संसार महुँ माया कटक प्रचंड।
सेनापति कामादि भट दंभ कपट पाषंड॥

माया रूपी राजा की प्रचंड सेना संसार में पूरी तरह से फैली हुई है। काम,

क्रोध, मद, लोभ, मोह और मत्सर आदि इस सेना के सेनापति तथा दंभ, कपट, पाखंड इसके वीर योद्धा हैं।

काम, क्रोध, लोभ की प्रबलता

तात तीनि अति प्रबल खल काम क्रोध अरु लोभ।
मुनि बिग्यान धाम मन करहिं निमिषि महुँ छोभ॥

तुलसीदास कहते हैं कि हे तात! काम, क्रोध एवं लोभ—ये तीनों दुष्ट बड़े ही बलवान और मोहित कर देने वाले हैं। इनके प्रभाव से ज्ञानवान् मुनि भी पल भर में क्षोभ से ग्रसित हो जाते हैं।

मोह की सेना

काम क्रोध लोभादि मद प्रबल मोह कै धारि।
तिन्ह महँ अति दारुन दुखद माया रूपी नारि॥

काम, क्रोध, लोभ, मद आदि मोह की प्रबल सेना हैं। इसमें स्त्री माया की साक्षात् मूर्ति है जो अति भयंकर दुःख प्रदान करने वाली है।

अग्नि, समुद्र, प्रबल स्त्री और काल की समानता

काह न पावक जारि सक का न समुद्र समाइ।
का न करै अबला प्रबल केहि जग कालु न खाइ॥

तुलसीदास अग्नि, समुद्र, प्रबल स्त्री और काल की समानता करते हुए कहते हैं कि अग्नि क्या नहीं जला सकती? समुद्र किसे डुबो नहीं सकता? बल पाकर अबला स्त्री क्या नहीं कर सकती? जगत् में काल किसे नहीं खा सकता?

उद्‌बोधन

दीपसिखा सम जुबति तन मन जनि होसि पतंग।
भजहि राम तजि काम मद करहि सदा सतसंग॥

तुलसीदास मन को संबोधित करते हुए कहते हैं कि हे मन! स्त्रियों का सुंदर शरीर दीपक की जलती हुई लौ के समान होता है। तू पतंगा मत बन, अन्यथा व्यर्थ में जल जाएगा। हे मन! तू काम, क्रोध आदि विकारों का त्याग कर श्रीराम का भजन करते हुए निरंतर सत्संग कर।

गृहासक्ति श्रीरघुनाथजी के स्वरूप के ज्ञान में बाधक है

काम क्रोध मद लोभ रत गृहासक्त दुखरूप।
ते किमि जानहिं रघुपतिहि मूढ़ परे भव कूप॥

जो मनुष्य काम, क्रोध, मद और लोभ में डूबे रहते हैं; दुःख रूपी घर में आसक्ति रखते हैं, वे संसार रूपी कुएँ में पड़े हुए मूर्ख के समान श्रीरघुनाथ के तत्त्व को जानने में असमर्थ होते हैं।

ज्ञान मार्ग की कठिनता

कहत कठिन समुझत कठिन साधत कठिन बिबेक।
होइ घुनाच्छर न्याय जौं पुनि प्रत्यूह अनेक॥

ज्ञान को कहना और समझना अत्यंत कठिन है; साधन करने में भी यह कठिन है। यदि किसी प्रकार ज्ञान प्राप्त हो जाए तो भी इसे बचाए रखने में अनेक विघ्नों का सामना करना पड़ता है।

संतोष की महिमा

कोउ बिश्राम कि पाव तात सहज संतोष बिनु।
चलै कि जल बिनु नाव कोटि जतन पचि पचि मरिअ॥

संतोष की महिमा बताते हुए तुलसीदास कहते हैं कि जिस प्रकार अनेक प्रयत्न करने के बाद भी जल के बिना सूखी जमीन पर नाव नहीं चलती, उसी प्रकार सहज संतोष के बिना कोई भी शांति नहीं पा सकता।

गोस्वामीजी की अनन्यता :

एक भरोसो एक बल एक आस बिस्वास।
एक राम घन स्याम हित चातक तुलसीदास॥

एक पर ही विश्वास है, एक ही बल है, एक ही आशा है और एक ही विश्राम है। एक राम रूपी मेघ के लिए ही तुलसीदास चातक बने हुए हैं।

चातक तुलसी के मतें स्वातिहुँ पिऐ न पानि।
प्रेम तृषा बाढ़ति भली घटें घटैगी आनि॥

हे चातक! तुलसीदास के अनुसार तू स्वाति नक्षत्र में बरसा हुआ पानी भी मत पीना, क्योंकि प्रेम की प्यास बढ़ती हुई ही अच्छी होती है, इसके कम होने से प्रेम की निष्ठा कम होती जाएगी।

रटत रअत रसना लटी तृषा सूखि गे अंग।
तुलसी चातक प्रेम की नित नूतन रुचि रंग॥

तुलसीदास कहते हैं कि यद्यपि मेघ का नाम रटते-रटते चातक की जीभ लटक गई, उसके शरीर के सारे अंग सूख गए, तथापि उसके प्रेम का रंग नित्य नया और सुंदर होता जाता है।

मान राखिबो माँगिबो पिय सों नित नव नेहु।
तुलसी तीनिउ तब फबैं जौ चातक मत लेहु॥

तुलसीदास कहते हैं कि पहले आत्मसम्मान की रक्षा, फिर माँगना और फिर प्रियतम से प्रेम को नित्य बढ़ाने की प्रार्थना करना—ये तीनों बातें तभी उचित लगती हैं जब चातक के मत का अनुसरण किया जाए।

तुलसी चातक माँगनो एक एक घन दानि।
देत जो भू भाजन भरत लेत जो घूँटक पानि॥

तुलसीदास कहते हैं कि माँगनेवाला चातक एक ही है और देनेवाला मेघ भी एक ही दानी है। मेघ पृथ्वी पर इतना जल बरसाता है कि चारों ओर जल-ही-जल दृष्टिगोचर होता है; परंतु चातक केवल एक बूँद ही पीता है और उसी में संतुष्ट हो जाता है।

नहिं जाचत नहिं संग्रही सीस नाइ नहिं लेइ।
ऐसे मानी मागनेहि को बारिद बिनु देइ॥

चातक न तो मुँह से कुछ माँगता है, न जल का संग्रह करता है और न ही सिर झुकाकर कुछ लेता है। ऐसे माँगनेवाले चातक को मेघ के अतिरिक्त और कौन जल दे सकता है?

चातक जीवन दायकहि जीवन समयँ सुरीति।
तुलसी अलख न लखि परै चातक प्रीति प्रतीति॥

चातक को जीवन प्रदान करनेवाले मेघ की सुंदरता उसके जीवनकाल में ही दिखाई देती है, लेकिन चातक का प्रेम एवं विश्वास तो अक्षय है। तुलसीदास कहते हैं कि चातक का प्रेम किसी को दिखाई नहीं देता, जबकि वह मरते समय भी बना रहता है।

जीव चराचर जहँ लगें है सब को हित मेह।
तुलसी चातक मन बस्यो घन सों सहज सनेह॥

तुलसीदास कहते हैं कि यद्यपि मेघ (परमात्मा) संसार के सभी चराचर जीवों का हितकारी है; परंतु केवल चातक के हृदय में ही उस मेघ के प्रति स्वाभावित प्रेम बसा हुआ है।

मुख मीठे मानस मलिन कोकिल मोर चकोर।
सुजस धवल चातक नवल रह्यो भुवन भरि तोर॥

तुलसीदास कहते हैं कि कोयल, मोर और चकोर केवल मुँह के मीठे होते हैं, लेकिन उनके मन में मैल भरा होता है; परंतु हे चातक! संसार में केवल तेरा ही निर्मल यश छाया हुआ है।

होइ न चातक पातकी जीवन दानि न मूढ़।
तुलसी गति प्रहलाद की समुझि प्रेम पथ गूढ़॥

तुलसीदास कहते हैं कि न तो चातक पापी है और न ही जीवन-प्रदायक मेघ मूर्ख है। हे प्राणी! प्रह्लाद की दशा पर विचार करो और समझो कि प्रेम का मार्ग कितना कठिन है; उसके मार्ग पर कष्ट-ही-कष्ट मिलते हैं।

चरग चंगु गत चातकहि नेम प्रेम की पीर।
तुलसी परबस हाड़ पर परिहैं पहुमी नीर॥

तुलसीदास कहते हैं कि बाज के पंजे में फँसे हुए चातक को अपने प्रेम के नियम की चिंता होती है, अर्थात् वह अपनी मृत्यु के विषय में नहीं सोचता। उसे पल-प्रतिपल यही भय सताता है कि मृत्यु उपरांत उसका शरीर स्वाति नक्षत्र के जल में न गिरकर साधारण जल में गिरेगा।

तुलसी चातक देत सिख सुतहि बारहीं बार।
तात न तर्पन कीजिए बिना बारिघर धार॥

तुलसीदास कहते हैं कि चातक अपने पुत्र को बार-बार यही सीख देता है कि हे तात! मेरा तर्पण मेघ की धारा के अतिरिक्त किसी अन्य जल से मत करना।

सुनु रे तुलसीदास प्यास पपीहहि प्रेम की।
परिहरि चारिउ मास जो अँचवै जल स्वाति को॥

हे तुलसीदास! पपीहे को जल की अपेक्षा केवल प्रेम की प्यास होती है। इसलिए वह वर्षा के चारों महीने छोड़कर केवल स्वाति नक्षत्र का ही जल ग्रहण करता है।

तुलसीं के मत चातकहि केवल प्रेम पिआस।
पिअत स्वाति जल जान जग जाँचत बारह मास।

तुलसीदास कहते हैं कि चातक को केवल प्रेम की प्यास होती है। वह स्वाति नक्षत्र का जल पीता है, लेकिन फिर भी वर्ष भर याचक बना रहता है।

एक अंग जो सनेहता निसि दिन चातक नेह।
तुलसी जासों हित लगे वहि अहार वहि देह॥

तुलसीदास कहते हैं कि चातक का दिन-रात का प्रेम एकाकी प्रेम है। अर्थात् वह यह नहीं देखता कि प्रेम के बदले में उसे प्रेम मिलता है या नहीं। ऐसा प्रेम जिसके साथ हो जाता है, वही उसका आहार और उसका शरीर है। अर्थात् वह भोजन और शरीर की सुधबुध भूलकर उसके प्रेम में खो जाता है।

सर्प का उदाहरण

तुलसी मनि निज दुति फनिहि ब्याधहि देउ दिखाइ।
बिछुरत होइ न आँधरो ताते प्रेम न जाइ॥

सर्प का उदाहरण देते हुए तुलसीदास कहते हैं कि मणि के प्रकाश के कारण भले ही शिकारी को सर्प दिखाई दे जाए, लेकिन प्राण संकट में होने के बाद भी सर्प का मणि के प्रति अनुराग कम नहीं होता। उसके प्रेम में वह अंधा होकर अपने प्राण गँवा बैठता है।

मछली का उदाहरण

देउ आपनें हाथ जल मीनहि माहुर घोरि।
तुलसी जिऐ तो बारि बिनु तौ तु देहि कबि खोरि॥

तुलसीदास कहते हैं कि जल स्वयं अपने हाथ से विष घोलकर मछली को दे दे, लेकिन मछली जल के बिना जीवित रह जाए तो यह कवियों की मात्र कल्पना ही हो सकती है। अर्थात् जल चाहे कोई भी दुष्ट कार्य कर ले, लेकिन एकाकी प्रेम में डूबी मछली उसके बिना जीवित नहीं रह सकती।

सुलभ प्रीति प्रीतम सबै कहत करत सब कोइ।
तुलसी मीन पुनीत ते त्रिभुवन बड़ो न कोइ॥

लोग कहते हैं कि प्रेम और प्रियतम—दोनों सरलता से सुलभ हो जाते हैं; सभी ऐसा करते भी हैं। लेकिन तुलसीदास कहते हैं कि सच्चे प्रेम में मछली से बढ़कर तीनों लोकों में कोई दूसरा नहीं है। वह जल से अनन्य प्रेम करती है और उसके वियोग में अपने प्राण त्याग देती है।

अनन्यता की महिमा

तुलसी जप तप नेम ब्रत सब सबहीं तें होइ।
लहै बड़ाई देवता इष्टदेव जब होइ॥

तुलसीदास कहते हैं कि जप, तप, नेम तथा व्रत आदि कोई भी मनुष्य कर सकता है। लेकिन वह बड़ाई तभी प्राप्त करता है जब भगवान् को अपना प्रेम का देवता बना लेता है।

मित्रता में छल बाधक है

मान्य मीत सों सुख चहैं सो न छुऐ छल छाहँ।
ससि त्रिसंकु कैकेइ गति लखि तुलसी मन माहँ॥

तुलसीदास कहते हैं कि यदि मनुष्य अपने मित्र से सुख चाहता है तो उसे चंद्रमा, त्रिशंकु और कैकेयी की गति को ध्यान में रखकर छल से दूर रहना चाहिए।

वैर और प्रेम अंधे होते हैं

तुलसी बैर सनेह दोउ रहित बिलोचन चारि।
सुरा सेवरा आदरहिं निंदहिं सुरसरि बारि॥

तुलसीदास कहते हैं कि प्रेम और वैर—दोनों ही आंतरिक और बाहरी आँखों से अंधे होते हैं। अर्थात् वैरी अपने शत्रु के समस्त गुणों की भी अवहेलना कर देता है तथा प्रेमी को अपने प्रियतम के अवगुण भी दिखाई नहीं देते। ठीक इसी प्रकार वाममार्गी साधक मदिरा का आदर और गंगाजल की निंदा करते हैं।

स्वार्थ ही अच्छाई-बुराई का मानदंड है

हित पुनीत सब स्वारथहिं अरि असुद्ध बिनु चाड़।
निज मुख मानिक सम दसन भूमि परे ते हाड़॥

तुलसीदास कहते हैं कि जिस प्रकार मुँह में दाँत माणिक्य के समान बहुमूल्य प्रतीत होते हैं, टूटकर गिर जाने पर वे ही हाड़ कहलाते हैं। उसी प्रकार जब तक स्वार्थ रहता है, तब तक सभी वस्तुएँ पवित्र और हितकारी प्रतीत होती हैं; परंतु स्वार्थ पूर्ण होते ही वे अपवित्र और शत्रु के समान हो जाती हैं।

कलियुग में कपट की प्रधानता

हृदयँ कपट बर बेष धरि बचन कहहिं गढ़ि छोलि।
अब के लोग मयूर ज्यों क्यों मिलिए मन खोलि॥

कपट के विषय में बताते हुए तुलसीदास कहते हैं कि आजकल प्राणी कपटपूर्ण व्यवहार करते हैं। वे मोर के समान सुंदर वेश तो धारण करते हैं, लेकिन उनके हृदय में कपट विद्यमान रहता है। अर्थात् बाहर से वे सभ्य और शिष्ट व्यवहार करते हैं, लेकिन अंदर-ही-अंदर ईर्ष्या और द्वेष का भाव रखते हैं।

कपट अंत तक नहीं निभता

चरन चोंच लोचन रँगौ चलौ मराली चाल।
छीर नीर बिबरन समय बक उघरत तेहि काल॥

भले ही बगुला अपने पैर, चोंच और आँखों को हंस की भाँति रँग ले, हंस के समान चाल चलने लगे,। लेकिन दूध और पानी को अलग-अलग करने का जब समय आता है, उस समय उसकी पोल खुल जाती है।

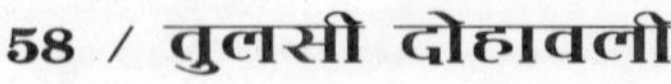

कुटिल मनुष्य कुटिलता नहीं छोड़ता

मिलै जो सरलहि सरल ह्वै कुटिल न सहज बिहाइ।
सो सहेतु ज्यों बक्र गति ब्याल न बिलहिं समाइ॥

जिस प्रकार साँप की चाल टेढ़ी होती है; परंतु बिल में घुसने के लिए वह टेढ़ी चाल छोड़कर सीधा हो जाता है, उसी प्रकार किसी सरल मनुष्य से सहृदयता से मिलने पर भी कुटिल मनुष्य का स्वभाव नहीं बदलता। इसमें उसका कोई-न-कोई स्वार्थ अवश्य छिपा होता है।

संग सरल कुटिलहि भएँ हरि हर करहिं निबाहु।
ग्रह गनती गनि चतुर बिधि कियो उदर बिनु राहु॥

यदि सज्जन और कुटिल का साथ हो जाए तो उस स्थिति में केवल भगवान् श्रीविष्णु और शिव ही रक्षा करते हैं। राहु के ग्रहों में स्थान प्राप्त कर लेने के बाद चतुर ब्रह्माजी ने उसे बिना उदर का बना दिया। अन्यथा वह अन्य साथी ग्रहों को खा जाता।

सत्संग और असत्संग का परिणामगत भेद

संत संग अपबर्ग कर कामी भव कर पंथ।
कहहिं संत कबि कोबिद श्रुति पुरान सदग्रंथ॥

संतों का संग मनुष्य के लिए मोक्ष-प्रदायक होता है, जबकि विषयों में डूबे हुए मनुष्य का संग सांसारिक मोह-माया में जकड़नेवाला होता है। संत, कवि, ज्ञानी और वेद-पुराण आदि ग्रंथ भी इस बात को कहते हैं।

सज्जन और दुर्जन का भेद

सुजन सुतरु बन ऊख सम खल टंकिका रुखान।
परहित अनहित लागि सब साँसति सहत समान॥

सज्जन और दुर्जन का भेद बताते हुए तुलसीदास कहते हैं कि सज्जन मनुष्य कपास और ऊख के सुंदर पौधे के समान होता है, जबकि दुर्जन मनुष्य बबूल के समान। यद्यपि संसार में दोनों ही दु:ख सहते हैं, परंतु सज्जन कष्ट झेलते हैं पर-हित के लिए, जबकि दुर्जन दूसरों को कष्ट देने के लिए।

अवसर की प्रधानता

अवसर कौड़ी जो चुकै बहुरि दिएँ का लाख।
दुइज न चंदा देखिऐ उदौ कहा भरि पाख॥

अवसर की प्रधानता की महत्ता के बारे में बताते हुए तुलसीदास कहते हैं कि आवश्यकता पड़ने पर यदि मनुष्य कौड़ी की भी सहायता न करे तो अनावश्यक समय में लाख रुपए देने का भी कोई लाभ नहीं होता। यदि द्वितीया के चंद्रमा को न देखा जाए तो पक्ष भर चंद्रमा के उदय होने से क्या होगा?

भलाई करना बिरले ही जानते हैं

ग्यान अनभले को सबहि भले भलेहू काउ।
सींग सूँड़ रद लूम नख करत जीव जड़ घाउ॥

बुराई कैसे की जाती है, इसका ज्ञान सभी को होता है; परंतु भलाई करने का ज्ञान केवल सज्जन मनुष्य को ही होता है। कुटिल मनुष्य की तुलना मूर्ख जानवर से करते हुए तुलसीदास कहते हैं कि वे अपने सींग, सूँड़, दाँत, पूँछ तथा नख इत्यादि से दूसरों को कष्ट ही पहुँचाते हैं।

संसार में हित करनेवाले कम हैं

तुलसी जग जीवन अहित कतहुँ कोउ हित जानि।
सोषक भानु कृसानु महि पवन एक घन दानि॥

तुलसीदास कहते हैं कि संसार में जीवों का अहित करनेवाले असंख्य हैं, परंतु हित करनेवाला कोई एकाध ही होता है। सूर्य, अग्नि, पृथ्वी, पवन—सभी जल को सुखानेवाले हैं, लेकिन देनेवाला केवल एक मेघ है।

जलचर थलचर गगनचर देव दनुज नर नाग।
उत्तम मध्यम अधम खल दस गुन बढ़त बिभाग॥

जल में रहनेवाले, स्थल पर रहनेवाले एवं आकाश में विचरनेवाले जीवों तथा देवता, राक्षस, मनुष्य एवं नाग—इन सभी योनियों में उत्तम की अपेक्षा मध्यम; मध्यम की अपेक्षा अधम और अधम की अपेक्षा नीच प्राणियों की संख्या अधिक होती है।

सुजन कहत भल पोच पथ पापि न परखइ भेद।
करमनास सुरसरित मिस बिधि निषेध बद बेद॥

जिस प्रकार वेद—कर्मनाश और गंगाजी के बहाने विधि और निषेध; दोनों प्रकार के कर्मों का उल्लेख करते हैं, उसी प्रकार सत्पुरुष अच्छे और बुरे दोनों प्रकार के मार्ग बतलाते हैं; परंतु मूर्ख एवं पापी मनुष्य इस भेद को नहीं समझते। वे निरंतर पाप में लीन रहते हैं।

प्रीति और वैर की तीन श्रेणियाँ

उत्तम मध्यम नीच गति पाहन सिकता पानि।
प्रीति परिच्छा तिहुन की बैर बीतिक्रम जानि॥

तुलसीदास ने प्रीति की परीक्षा में उत्तम, मध्यम और नीच—इन तीनों स्थितियों की तुलना क्रमशः पत्थर, बालू और जल की लकीरों से की है—अर्थात् उत्तम पुरुष की प्रीति पत्थर की लकीर के समान है, जो अनेक दुःख सहने के बाद भी अमिट रहती है। मध्यम पुरुष की प्रीति बालू की लकीर की तरह है, जो हवा न लगने तक ही रहती है। लेकिन नीच पुरुष की प्रीति जल की लकीर की तरह होती है जिसका कोई अस्तित्व नहीं होता। लेकिन वैर इसके विपरीत होता है। अर्थात् उत्तम, मध्यम और नीच—इन तीनों पुरुषों में वैर की प्रकृति क्रमशः जल, बालू और पत्थर की तरह होती है।

जिसे सज्जन ग्रहण करते हैं, उसे दुर्जन त्याग देते हैं

पुन्य प्रीति पति प्रापतिउ परमारथ पथ पाँच।
ललहिं सुजन परिहरहिं खल सुनहु सिखावन साँच॥

तुलसीदास कहते हैं कि पुण्य, प्रेम, प्रतिष्ठा, प्राप्ति और परमार्थ का मार्ग—सज्जन पुरुष इन्हें ग्रहण करते हैं। इसके विपरीत दुर्जन मनुष्य इनका परित्याग कर देते हैं। इस सच्ची सीख को भली-भाँति समझ लो।

अपना आचरण सभी को अच्छा लगता है

तुलसी अपनो आचरन भलो न लागत कासु।
तेहि न बसत जो खात नित लहसुनहू को बासु॥

तुलसीदास कहते हैं कि कोई ऐसा प्राणी नहीं है जिसे अपना आचरण

अच्छा न लगता हो। लहसुन खानेवाले को भला लहसुन की दुर्गंध कहाँ से महसूस होगी!

संग की महिमा

तुलसी भलो सुसंग तें पोच कुसंगति सोइ।
नाउ किंनरी तीर असि लोह बिलोकहु लोइ॥

संगति का महत्त्व बताते हुए तुलसीदास कहते हैं कि अच्छी संगति से मनुष्य अच्छा और बुरी संगति के प्रभाव से बुरा हो जाता है। जो लोहा नाव में लगकर लोगों को पार उतारनेवाला तथा सितार में लगकर मधुर संगीत सुनाकर सबको सुख देनेवाला होता है, वही तीर-तलवार में लगकर प्राणघातक हो जाता है।

तुलसी किएँ कुसंग थिति होहिं दाहिने बाम।
कहि सुनि सकुचिअ सूम खल गत हरि संकर नाम॥

तुलसीदास कहते हैं कि बुरी संगति में रहकर अच्छे मनुष्य भी बुरे हो जाते हैं। हरि, शंकर आदि भगवान् के नाम परम कल्याणकारी और सुख प्रदान करने वाले हैं; परंतु यही नाम कंजूस और अधर्मियों के रख दिए जाएँ तो लोग इन नामों को लेने में सकुचाते हैं।

राम कृपाँ तुलसी सुलभ गंग सुसंग समान।
जो जल परै जो मन मिलै कीजै आपु समान॥

तुलसीदास कहते हैं कि गंगाजी और सत्संगति—दोनों समान हैं। जिस प्रकार गंगाजी में किसी भी प्रकार का जल गिरे, वह उसे भी पवित्र कर देती है; उसी प्रकार सत्संगति में कितना भी बुरा व्यक्ति आ जाए, वह पवित्र और सत्पुरुष बन जाता है, परंतु गंगाजी और सत्संगति की प्राप्ति केवल भगवान् श्रीराम की कृपा से ही संभव है।

आखर जोरि बिचार करु सुमति अंक लिखि लेखु।
जोग कुजोग सुजोग मय जग गति समुझि बिसेषु॥

हे सुमति! अक्षरों को जोड़कर विचार करो और उन्हें लिखकर हिसाब लगाओ। तब तुम भली-भाँति समझ जाओगे कि जगत् की गति योग से कुयोग और सुयोगमयी हो जाती है। अर्थात् अक्षर के हेर-फेर से ही 'धर्म' 'अधर्म' हो जाता है।

विवेक की आवश्यकता

जड़ चेतन गुन दोष मय बिस्व कीन्ह करतार।
संत हंस गुन गहहिं पय परिहरि बारि बिकार॥

विवेक की आवश्यकता बताते हुए तुलसीदास कहते हैं कि परमात्मा ने इस जड़-चेतन संसार की रचना गुण और दोष के साथ की है, परंतु संत रूपी हंस विवेक द्वारा दोष रूपी जल को त्यागकर गुण रूपी दूध को ग्रहण करते हैं।

जो जो जेहिं जेहिं रस मगन तहँ सो मुदित मन मानि।
रसगुन दोष बिचारिबो रसिक रीति पहिचानि॥

प्राणी जिस-जिस रस में मग्न होता है, उसी में संतोष मानकर आनंदित होता है। लेकिन उसके गुण-दोषों को केवल रसिक जन ही पहचानते हैं।

कभी-कभी भले को बुराई भी मिल जाती है

लोक बेदहू लौं दगो नाम भले को पोच।
धर्मराज जम गाज पबि कहत सकोच न सोच॥

लोक और वेदों में भी भले के लिए बुरा शब्द प्रसिद्ध है। यही कारण है कि धर्मराज को यम तथा बिजली को वज्र कहने से भी लोगों को संकोच नहीं होता।

नीच पुरुष की नीचता

प्रभु सनमुख भएँ नीच नर होत निपट बिकराल।
रबिरुख लखि दरपन फटिक उगिलत ज्वालाजाल॥

नीच मनुष्य की नीचता का वर्णन करते हुए तुलसीदास कहते हैं कि मालिक (परमात्मा) के अनुकूल होने पर नीच मनुष्य उसी प्रकार बड़े भयंकर हो जाते हैं, जिस प्रकार सूर्य का रुख अपनी ओर देखकर दर्पण और स्फटिक आग की लपटें उगलने लगते हैं।

नीच निरावहिं निरस तरु तुलसी सींचहिं ऊख।
पोषत पयद समान सब बिष पियूष के रूख॥

तुलसीदास कहते हैं कि नीच मनुष्य रसहीन और सूखे वृक्षों को उखाड़

फेंकते हैं; वे केवल रसयुक्त हरे-भरे वृक्षों को सींचते हैं। परंतु मेघ (सज्जन पुरुष) विष और अमृत—दोनों प्रकार के वृक्षों का समान रूप से पोषण करते हैं।

नीचनिंदा

लखि गयंद लै चलत भजि स्वान सुखानो हाड़।
गज गुन मोल अहार बल महिमा जान की राड़॥

नीच मनुष्य की निंदा करते हुए तुलसीदास कहते हैं कि हाथी को आते देखकर कुत्ता हड्‌डी लेकर वहाँ से भाग जाता है। उसे भय होता है कि कहीं हाथी हड्‌डी को छीन न ले। लेकिन वह मूर्ख और अज्ञानी हाथी के गुण, मूल्य, आहार और बल की महिमा से पूर्णतः अनभिज्ञ होता है।

दुर्जनों का स्वभाव

ठाढ़ो द्वार न दै सकैं तुलसी जे नर नीच।
निंदहिं बलि हरिचंद को का कियो करन दधीच॥

तुलसीदास दुर्जनों के स्वभाव का उल्लेख करते हुए कहते हैं कि नीच मनुष्य स्वयं तो द्वार पर खड़े हुए भिक्षुकों को कुछ दान नहीं देते, बल्कि बलि और हरिश्चंद्र जैसे दानवीरों की भी निंदा करते हैं। वे कर्ण और दधीच के कार्यों को सामान्य से भी निम्न कोटि का मानते हैं।

गुणों का ही मूल्य है, दूसरों के आदर-अनादर का नहीं

निज गुन घटत न नाग नग परखि परिहरत कोल।
तुलसी प्रभु भूषन किए गुंजा बढ़े न मोल॥

श्रेष्ठ पुरुषों की महिमा गाते हुए तुलसीदास कहते हैं कि यदि चंद्रमा अपनी सोलह कलाओं से पूर्ण होकर तारों के समूह के साथ उदय हो जाए तथा सभी पर्वतों पर आग लगा दी जाए तो भी सूर्य के उदय हुए बिना रात्रि का अंधकार नहीं मिटता।

दुष्ट पुरुषों द्वारा की हुई निंदा-स्तुति का कोई मूल्य नहीं है

भलो कहहिं बिनु जानेहूँ बिनु जानें अपबाद।
ते नर गादुर जानि जियँ करिय न हरष बिषाद॥

तुलसीदास कहते हैं कि जो लोग किसी को ठीक प्रकार से जाने-समझे बिना उसे भला कहने लगते हैं तथा जाने बिना उनकी निंदा करने लगते हैं; वे चमगादड़ के समान होते हैं। इसलिए उनकी बातों को सुनकर मन में किसी प्रकार का हर्ष या विषाद नहीं करना चाहिए।

मिथ्या अभिमान का दुष्परिणाम

तनु गुन धन महिमा धरम तेहि बिनु जेहि अभिमान।
तुलसी जिअत बिडंबना परिनामहु गत जान॥

तुलसीदास कहते हैं कि सुंदर शरीर, सद्गुण, पर्याप्त धन, सम्मान और धर्म में निष्ठा—इनके न होने पर भी जिन मनुष्यों को मिथ्या अभिमान होता है, उनका जीवन विडंबना मात्र है। उसका परिणाम भी बुरा ही होता है। अर्थात् अभिमान करनेवाले मनुष्य को मृत्यु-उपरांत भी सद्गति नहीं मिलती।

छल-कपट सर्वत्र वर्जित है

बिनु प्रपंच छल भीख भलि लहिअ न दिएँ कलेस।
बावन बलि सों छल कियो दियो उचित उपदेस॥

तुलसीदास छल-कपट की निंदा करते हुए कहते हैं कि जो भीख बिना किसी छल-कपट के मिलती है, वही उत्तम होती है। किसी को धोखा देकर प्राप्त की गई भीख दु:खों का कारण बनती है। भगवान् विष्णु ने वामन रूप धारण करके बलि से छलपूर्वक उसका राज्य छीन लिया और इसी कारण उन्हें पाताल में बलि का द्वारपाल बनना पड़ा। इस प्रकार उन्होंने छल द्वारा मिलनेवाले दु:ख का उपदेश दिया।

बिबुध काज बावन बलिहि छलो भलो जिय जानि।
प्रभुता तजि बस भे तदपि मन की गइ न गलानि॥

भगवान् विष्णु ने देवताओं के कल्याण के लिए दैत्यराज बलि के साथ छल किया था। बाद में वे अपने स्वरूप को त्यागकर बलि के वश में हो गए और पाताल में उसके द्वारपाल बन गए। फिर भी छल करने के कारण उनके मन की ग्लानि यथावत् रही।

खल उपकार बिकार फल तुलसी जान जहान।
मेढुक मर्कट बनिक बक कथा सत्य उपखान॥

दुष्टों की निंदा करते हुए तुलसी कहते हैं कि संपूर्ण जगत् जानता है कि दुष्टों के साथ उपकार करने का फल बुरा होता है। सत्योपाख्यान में भी मेढक, वानर, वणिक और बगुले की कथाओं द्वारा इस बात को सिद्ध किया गया है।

भरदर बरसत कोस सत बचैं जे बूँद बराइ।
तुलसी तेउ खल बचन सर हए गए न पराइ॥

तुलसीदास कहते हैं कि मनुष्य सौ कोस तक बरसती हुई घनी वर्षा के बीच में से भी बिना भीगे निकल सकता है, लेकिन दुष्टों के व्यंग्य-बाणों से बच पाना उसके लिए असंभव है। अर्थात् दुष्टों की निंदा से कोई नहीं बच सकता।

सहबासी काचो गिलहिं पुरजन पाक प्रबीन।
कालछेप केहि मिलि करहिं तुलसी खग मृग मीन॥

तुलसीदास कहते हैं कि पक्षी, हिरन और मछली किसके साथ अपना जीवन व्यतीत करें? पक्षी को एक ही आकाश में उड़नेवाले बाज, हिरण को एक ही वन में रहनेवाले सिंह तथा मछली को एक ही जल में रहनेवाली बड़ी मछली या मगरमच्छ निगल जाते हैं, जबकि गाँव एवं नगर-निवासी इन्हें पकाकर खा जाते हैं। इस पद द्वारा तुलसीदास कहना चाहते हैं कि संसार में दुर्बलों के लिए कोई स्थान सुरक्षित नहीं है।

जासु भरोसें सोइऐ राखि गोद में सीस।
तुलसी तासु कुचाल तें रखवारो जगदीस॥

तुलसीदास कहते हैं कि विश्वास करके यदि किसी की गोद में सिर रखकर सोया जाए और फिर वह ही विश्वासघात कर दे तो केवल भगवान् ही उससे रक्षा कर सकते हैं।

परद्रोही परदार रत परधन पर अपबाद।
ते नर पावँर पापमय देह धरें मनुजाद॥

तुलसीदास कहते हैं कि जो मनुष्य दूसरों के प्रति शत्रुता रखते हैं; पराई

स्त्रियों, पराए धन और परनिंदा में जिनकी आसक्ति होती है, वे पापी और अधर्मी मनुष्य नर रूप में राक्षस ही हैं।

कपटी को पहचानना बड़ा कठिन है

बचन बेष क्यों जानिए मन मलीन नर नारि।
सूपनखा मृग पूतना दसमुख प्रमुख बिचारि॥

कपटी की पहचान के विषय में तुलसीदास कहते हैं कि किसी पुरुष या स्त्री के बाहरी वेश अथवा वचनों से उसके मन की स्थिति का अनुमान नहीं लगाया जा सकता। शूर्पणखा, मारीच, पूतना, रावण आदि बड़े सुंदर थे; लेकिन इनका मन अत्यंत मलिन और पापयुक्त था। अर्थात् संसार में दंभी लोगों को उनकी वेश-भूषा से पहचानना असंभव है।

कपट ही दुष्टता का स्वरूप है

कपट सार सूची सहस बाँधि बचन परबास।
कियो दुराउ चहौ चातुरीं सो सठ तुलसीदास॥

तुलसीदास कहते हैं कि जो मनुष्य वचन रूपी ऊपरी कपड़े में कपट रूपी लोहे की हजारों सुइयों को चतुराई से छिपाना चाहता है, वह दुष्ट है।

पाप ही दुःख का मूल है

बड़े पाप बाढ़ किए छोटे किए लजात।
तुलसी ता पर सुख चहत बिधि सों बहुत रिसात॥

पाप ही दुःखों का मूल कारण है। इस विषय में तुलसीदास कहते हैं कि जो बड़े-बड़े पाप तो सहज ही कर लेते हैं, परंतु छोटे-छोटे पापों को करने में लज्जा अनुभव करते हैं, वे उस कुटिल मनुष्य के समान हैं जो प्रातःकाल पूजा-पाठ के बाद घर से निकलते हैं, परंतु दिन-रात छल-कपट आदि में डूबे रहते हैं। ऐसे मनुष्य स्वयं को धर्मात्मा मानकर समस्त सुखों की कामना करते हैं और इनके न मिलने पर ईश्वर पर क्रोध करते हैं।

अविवेक ही दुःख का मूल है

देस काल करता करम बचन बिचार बिहीन।
ते सुरतरु तर दारिदी सुरसरि तीर मलीन॥

जिन मनुष्यों को देश, काल, कर्ता, कर्म और वचन का ज्ञान नहीं होता, वे कल्पवृक्ष के पास होने पर भी दरिद्र और गंगाजी के तट पर निवास करने के बाद भी पापी रहते हैं।

राज करत बिनु काजहीं करहिं कुचालि कुसाजि।
तुलसी ते दसकंध ज्यों जइहैं सहित समाज॥

तुलसीदास कहते हैं कि जो राजा राज्य करते हुए बिना किसी कारण के बुरे कार्य करने लगते हैं, वे उसी प्रकार समाज सहित नष्ट हो जाते हैं जिस प्रकार रावण की गति हुई थी।

पांडु सुअन की सदसि ते नीको रिपु हित जानि।
हरि हर सम सब मानिअत मोह ग्यान की बानि॥

यह जानते हुए भी कि द्रोण और भीष्म कौरवों के पक्ष में हैं, पांडवों की सभा में सभी लोग उन्हें भगवान् विष्णु और शिव के समान मानते थे। अज्ञान और ज्ञान में यही भेद है।

सहज सुहृद गुर स्वामि सिख जो न करइ सिर मानि।
सो पछिताइ अघाइ उर अवसि होइ हित हानि॥

जो मनुष्य हितैषी मित्रों, गुरु तथा स्वामी की सीख को स्वीकार कर उसके अनुसार कार्य नहीं करता, वह बाद में बहुत पछताता है तथा उसके हित एवं सुखों की भी हानि होती है।

लड़ना सर्वथा त्याज्य है

सुमति बिचारहिं परिहरहिं दल सुमनहुँ संग्राम।
सकुल गए तनु बिनु भए साखी जादौ काम॥

तुलसीदास कहते हैं कि बुद्धिमान लोग पत्तों एवं फूलों से भी लड़ाई करने को बुरा मानकर उसे त्याग देते हैं। यादव और कामदेव इस बात के प्रत्यक्ष प्रमाण हैं। तिनकों द्वारा परस्पर लड़कर जहाँ यादवों के वंश का समूल नाश हो गया है, वहीं पुष्प-बाण द्वारा शिवजी पर प्रहार करनेवाला कामदेव भी भस्म होकर काल का ग्रास बन गया।

कौरव पांडव जानिए क्रोध छमा के सीम।
पाँचहि मारि न सौ सके सयौ सँघारे भीम॥

तुलसीदास कहते हैं कि कौरवों को क्रोध तथा पांडवों को क्षमा की सीमा भली-भाँति समझनी चाहिए। इसी क्रोध के कारण सौ कौरव पाँच पांडवों को नहीं मार सके। जबकि अकेले भीम ने ही अनेक कौरवों का नाश कर दिया।

जूझे ते भल बूझिबो भली जीति तें हार।
डहकें तें डहकाइबो भलो जो करिअ बिचार॥

तुलसीदास कहते हैं कि यदि हार से किसी का भला हो तो जीतने की अपेक्षा हारना ज्यादा अच्छा है; किसी को ठगने की अपेक्षा ठगा जाना अधिक श्रेष्ठ है। इसी प्रकार यदि बुद्धिमत्ता से विचार किया जाए तो लड़ाई की अपेक्षा परस्पर समझौता कर लेना ही उचित है।

जा रिपु सों हारेहुँ हँसी जिते पाप परितापु।
तासों रारि निवारिए समयँ सँभारिअ आपु॥

यदि किसी शत्रु से हारने पर अपमान सहना पड़े तथा उससे जीतने पर पाप एवं दुःख हो तो ऐसी स्थिति में अवसर आने पर उससे शत्रुता समाप्त कर लेना ही उचित है।

रोष न रसना खोलिऐ बरु खोलिअ तरवारि।
सुनत मधुर परिनाम हित बोलिअ बचन बिचारि॥

तुलसीदास कहते हैं कि क्रोध में कभी भी जुबान नहीं खोलनी चाहिए; इसकी अपेक्षा तलवार निकालना अधिक उचित है। सोच-समझकर ऐसे मीठे वचनों का प्रयोग करना चाहिए, जो हितकारी और प्रसन्नता देनेवाले हों।

दीनों की रक्षा करनेवाला सदा विजयी होता है

राम लखन बिजई भए बनहुँ गरीब निवाज।
मुख बालि रावन गए धरहीं सहित समाज॥

निर्धनों एवं दुर्बलों पर दया करनेवाले श्रीराम और लक्ष्मण वन में रहते हुए भी युद्ध में विजयी हुए, जबकि महलों में रहनेवाले बालि एवं रावण जैसे परम शक्तिशाली राजा अपने परिवार और समाज सहित नष्ट हो गए।

अवसर चूक जाने से बड़ी हानि होती है

लाभ समय को पालिबो हानि समय की चूक।
सदा बिचारहिं चारुमति सुदिन कुदिन दिन दूक॥

उचित समय पर काम कर लेने से लाभ होता है, जबकि समय के निकल जाने के बाद केवल हानि ही हाथ लगती है। क्योंकि अच्छा और बुरा समय दो दिन का होता है, इसलिए बुद्धिमान लोग इस बात का सदैव विचार करते हैं।

विपत्तिकाल के मित्र कौन हैं

तुलसी असमय के सखा धीरज धरम बिबेक।
साहित साहस सत्यब्रत राम भरोसो एक॥

विपत्तिकाल के मित्रों का परिचय देते हुए तुलसी कहते हैं कि धैर्य, धर्म, विवेक, साहस, सत्य-व्रत और भगवान् राम का भरोसा—विपत्ति से घिरे मनुष्य के यही परम मित्र हैं। इनके द्वारा वह बड़े-से-बड़े कष्ट को सहज सहन कर लेता है।

परमार्थ पाने के चार उपाय

कै जूझिबो कै बूझिबो दान कि कायँ कलेस।
चारि चारु परलोक पथ जथा जोग उपदेस॥

परमार्थ-प्राप्ति के उपायों की विवेचना करते हुए तुलसीदास कहते हैं कि चारों वर्णों के लिए परमार्थ के अलग-अलग चार उपाय हैं। ज्ञान-अर्जन ब्राह्मणों के लिए, युद्ध करना क्षत्रियों के लिए, दान देना वैश्यों के लिए तथा कष्ट सहकर भी सेवा करना शूद्र के लिए परलोक-प्राप्ति के श्रेष्ठ उपाय हैं।

अपनो ऐपन निज हथा तिय पूजहिं निज भीति।
फरइ सकल मन कामना तुलसी प्रीति प्रतीति॥

विश्वास की शक्ति का उल्लेख करते हुए तुलसीदास कहते हैं कि स्त्रियाँ चावल और हल्दी को पीसकर बनाए हुए रंग से घर की दीवार पर अपने हाथ की छाप लगाकर नित्य उसका पूजन करती हैं। इससे ही उनकी सभी मनोकामनाएँ पूर्ण हो जाती हैं। ऐसा केवल विश्वास और प्रेम की शक्ति से ही संभव होता है।

कौन सी तिथियाँ कब हानिकारक होती हैं

रबि हर दिसि गुन रस नयन मुनि प्रथमादिक बार।
तिथि सब काज नसावनी होइ कुजोग बिचार॥

द्वादशी, एकादशी, दशमी, तृतीया, षष्ठी, द्वितीया एवं सप्तमी—ये सातों तिथियाँ यदि क्रम से रवि, सोम, मंगल, बुध, बृहस्पति, शुक्र और शनि को पड़ें तो इन्हें कुयोग माना जाता है। इन प्रभाव से बनते कार्य भी बिगड़ जाते हैं।

कौन-सा चंद्रमा घातक समझना चाहिए

ससि सर नव दुइ छ दस गुन मुनि फल बसु हर भानु।
मेषादिक क्रम तें गनहि घात चंद्र जियँ जानु॥

मेष के प्रथम, वृष के पाँचवें, मिथुन के नौवें, कर्क के दूसरे, सिंह के छठे, कन्या के दसवें, तुला के तीसरे, वृश्चिक के सातवें, धनु के चौथे, मकर के आठवें, कुंभ के ग्यारहवें और मीन राशि के बारहवें चंद्रमा पड़ जाए तो उसे घातक समझना चाहिए।

सात वस्तुएँ सदा मंगलकारी हैं

सुधा साधु सुरतरु सुमन सुफल सुहावनि बात।
तुलसी सीतावनि भगति सगुन सुमंगल सात॥

मंगलकारी वस्तुओं के विषय में तुलसीदास कहते हैं कि संसार में केवल सात मंगलकारी शकुन हैं। ये हैं—अमृत, साधु, कल्पवृक्ष, पुष्प, सुंदर फल, सुहावनी बात और श्रीसीतापति की भक्ति।

वेद की अपार महिमा

अतुलित महिमा बेद की तुलसी किएँ बिचार।
जो निंदत निंदित भयो बिदित बुद्ध अवतार॥

वेद की महिमा का वर्णन करते हुए तुलसीदास कहते हैं कि विचार करने के बाद सिद्ध होता है कि वेदों की महिमा अतुलनीय है। संपूर्ण संसार जानता है कि इनकी निंदा करने से भगवान् का बुद्धावतार भी निंदित हो गया है। इसलिए इसे यथोचित आदर-सम्मान देना चाहिए।

नीति का अवलंबन और श्रीरामजी के चरणों में प्रेम ही श्रेष्ठ है

चलब नीति मग राम पग नेह निबाहब नीक।
तुलसी पहिरिअ सो बसन जो न पखारें फीक॥

नीति पर चलना अर्थात् नीति का पालन करना तथा भगवान् श्रीराम के चरणों से अटूट प्रेम करना ही संसार में मनुष्यों के लिए उत्तम है। तुलसीदास कहते हैं कि जिन वस्त्रों का रंग धोने पर भी फीका नहीं होता, सदा ऐसे वस्त्रों को ही धारण करना चाहिए।

विवेकपूर्वक व्यवहार ही उत्तम है

तुलसी सो समरथ सुमति सुकृति साधु सम्मान।
जो बिचारि ब्यवहरइ जग खरच लाभ अनुमान॥

विवेकपूर्ण व्यवहार के विषय में तुलसीदास कहते हैं कि जो आय के अनुमान के अनुसार व्यय करता है तथा संसार में विवेकपूर्ण व्यवहार करता है, वही मनुष्य सामर्थ्यवान्, बुद्धिमान, पुण्यात्मा, साधु और चतुर है।

सात वस्तुओं को रस बिगड़ने से पहले ही छोड़ देना चाहिए

नगर नारि भोजन सचिव सेवक सखा अगार।
सरस परिहरें रंग रस निरस विषाद बिकार॥

नगर, स्त्री, भोजन, मंत्री, सेवक, मित्र और घर—इन सात वस्तुओं की सरसता समाप्त होने से पूर्व ही इन्हें त्याग देना चाहिए। इसी में मनुष्य की शोभा है, परम आनंद है। नीरस होने पर इनका त्याग करने पर मनुष्य को अशांति और दु:ख सहना पड़ता है।

समर्थ पापी से वैर करना उचित नहीं

धाइ लगै लोहा ललकि खैंचि लेइ नइ नीचु।
समरथ पापी सों बयर जानि बिसाही मीचु॥

जिस प्रकार लोहा बड़ी तीव्रता के साथ चुंबक के साथ जुड़ जाता है, उसी प्रकार नीच और पापी मनुष्य नम्रता का ढोंग करके दूसरों को अपनी ओर खींच लेता है। इसलिए समर्थ पापी से हुई दुश्मनी को खरीदी हुई मौत के समान समझना चाहिए।

मनुष्य आँख होते हुए भी मृत्यु को नहीं देखते

बिन आँखिन की पानहीं पहिचानत लखि पाय।
चारि नयन के नारि नर सूझत मीचु न माय॥

बिना आँख की जूती भी पैर को पहचान लेती है। लेकिन चार नेत्र (दो बाहरी और दो आंतरिक) होने के बाद भी नर-नारियाँ मौत और माया को नहीं समझ पाते। वे अंधे के समान भौतिक साधनों में डूबे रहते हैं।

जौ पै मूढ़ उपदेस के होते जोग जहान।
क्यों न सुजोधन बोध कै आए स्याम सुजान॥

मूर्ख के लिए उपदेश निरर्थक है। यदि वे ज्ञान-उपदेश के योग्य होते तो भगवान् श्रीकृष्ण मूर्ख दुर्योधन को समझा लेते।

ईश्वर-विमुख की दुर्गति ही होती है

निडर ईस तें बीस कै बीस बाहु सो होइ।
गयो गयो कहैं सुमति सब भयो कुमति कह कोइ॥

ईश्वर का भय त्यागकर यदि मनुष्य बीस सिर से युक्त होकर रावण के समान परम शक्तिशाली हो जाए तो केवल कुबुद्धि लोग इसे उन्नति समझेंगे। इसके विपरीत बुद्धिमान लोग उसे नष्ट हुआ मानेंगे।

जगत् के लोगों को रिझानेवाला मूर्ख है

लोगनि भलो मनाव जो भलो होन की आस।
करत गगन को गेंडुआ सो सठ तुलसीदास॥

तुलसीदास कहते हैं कि जो मनुष्य अपने स्वार्थ एवं लाभ हेतु भगवान् को छोड़कर लोगों को रिझाता रहता है, उसकी दशा उस मूर्ख जैसी होती है, जो आकाश को तकिया बनाना चाहता है।

तुलसी तोरत तीर तरु बक हित हंस बिडारि।
बिगत नलिन अलि मलिन जल सुरसरिहू बढ़ि आरि॥

तुलसीदास कहते हैं कि जिस प्रकार गंगा में बाढ़ आने पर वह अपने किनारे के समस्त वृक्षों को उखाड़ फेंकती है, बगुलों अर्थात् दंभियों के लिए

हंसों (सज्जनों) को भगा देती है, कमल और भौंरों (सद्‌गुणों) से रहित हो जाती है, उसी प्रकार अनावश्यक बल-ऐश्वर्य के बढ़ जाने से सज्जन मनुष्य भी दोष-युक्त हो जाते हैं। अभिमान में भरकर वे आश्रितों को दूर करके दंभियों को आश्रय देते हैं, सद्‌गुणों से रहित होकर पाप में लिप्त हो जाते हैं।

ब्यालहु तें बिकराल बड़ ब्यालफेन जियँ जानु।
वहि के खाए मरत है वहि खाए बिनु प्रानु॥

तुलसीदास कहते हैं कि अफीम को सर्प से भी अधिक भयंकर और घातक समझना चाहिए। क्योंकि सर्प के काटने से मनुष्य उसी समय प्राण त्याग देता है, परंतु अफीम खाकर वह जीवित होते हुए भी प्राणहीन मुरदे के समान हो जाता है।

जथा अमल पावन पवन पाइ कुसंग सुसंग।
कहिअ कुबास सुबास तिमि काल महीस प्रसंग॥

जिस प्रकार निर्मल और स्वच्छ वायु—सुगंधित और दुर्गंध-युक्त वस्तुओं के संसर्ग में आकर सुगंध-युक्त अथवा दुर्गंध-युक्त हो जाती है, उसी प्रकार अच्छे या बुरे राजा के संसर्ग से काल भी अच्छे या बुरे रूप में पहचाना जाता है।

बरषत हरषत लोग सब करषत लखै न कोइ।
तुलसी प्रजा सुभाग ते भूप भानु सो होइ॥

तुलसीदास कहते हैं कि सूर्य द्वारा जल सोखने के बारे में किसी को पता नहीं चलता, किंतु जब मेघ बरसते हैं तो सभी लोग प्रसन्नता और आनंद से भर जाते हैं। उसी प्रकार सूर्य के समान ऐसे राजा बहुत सौभाग्य से प्राप्त होते हैं जो प्रजा को बिना कष्ट दिए उनसे उचित कर वसूलते हैं तथा समय आने पर उसे व्यवस्थित रूप से प्रजा के हित में खर्च करते हैं।

धरनि धेनु चारितु चरत प्रजा सुबच्छ पेन्हाइ।
हाथ कछू नहिं लागिहै किएँ गोड़ की गाइ॥

तुलसीदास कहते हैं कि राजा के प्रजा-वत्सलता और धर्मयुक्त उत्तम चरित्ररूपी चारे को खाकर जब पृथ्वीरूपी गो दुग्धयुक्त होती है तथा प्रजारूपी

सुंदर बछड़े द्वारा चोखे जाने पर ही दूध देती है। तभी उत्तम और अधिक दूध मिलता है। केवल पैर बाँधने से कुछ प्राप्त नहीं होता।

किसका राज्य अचल हो जाता है

भूमि रुचिर रावन सभा अंगद पद महिपाल।
धरम राम नय सीय बल अचल होत सुभ काल॥

तुलसीदास कहते हैं कि यह संपूर्ण पृथ्वी रावण की राजसभा है। राजा इसमें अगंद के पैर के समान है। धर्म रूपी भगवान् राम और नीति रूपी सीता के प्रभाव से ही राजा रूपी अंगद का पैर शुभ समय में अचल होता है।

गोली बान सुमंत्र सर समुझि उलटि मन देखु।
उत्तम मध्यम नीच प्रभु बचन बिचारि बिसेषु॥

गोली, साधारण बाण और सुमंत्रित बाण के गुणों को भली-भाँति मन में समझकर इनके क्रम को उलटकर देखो। उत्तम, मध्यम और नीच राजा के कर्म क्रमशः ऐसे ही होते हैं। अर्थात् उत्तम राजा के वचन सुमंत्रित बाण के समान अमोघ, मध्यम राजा के वचन साधारण बाण के समान प्रभाव डालनेवाले तथा नीच राजा के वचन गोली के समान भयंकर स्वर करनेवाले, परंतु लक्ष्य चूक जाने पर व्यर्थ जाने वाले होते हैं।

सचिव बैद गुर तीनि जौं प्रिय बोलहिं भय आस।
राज धर्म तन तीनि कर होइ बेगिहीं नास॥

यदि मंत्री और गुरु किसी भय, स्वार्थ या किसी अन्य कारण से हित की बात न कहकर हाँ में हाँ मिलाने लगें तो राजा के धर्म, शरीर और राज्य का शीघ्र ही नाश हो जाता है।

लकड़ी डोआ करछुली सरस काज अनुहारि।
सुप्रभु संग्रहहिं परिहरहिं सेवक सखा बिचारि॥

तुलसीदास कहते हैं कि जिस प्रकार कार्य की आवश्यकता के अनुसार लकड़ी के चम्मच या धातु की करछुली का प्रयोग अथवा त्याग किया जाता है, उसी प्रकार सज्जन स्वामी भी भली-भाँति सोच-समझकर मित्रों तथा सेवकों का संग्रह एवं त्याग करते हैं।

कीर्ति पुरुषार्थ से ही होती है

तुलसी निज करतूति बिनु मुकुत जात जब कोइ।
गयो अजामिल लोक हरि नाम सक्यो नहिं धोइ॥

तुलसीदास कहते हैं कि जो मनुष्य अपना पुरुषार्थ किए बिना ही मुक्त हो जाता है, मृत्यु उपरांत भी उसकी कीर्ति नहीं होती। तुलसीदास अजामिल का उदाहरण देते हुए कहते हैं कि यद्यपि अजामिल भगवान् श्रीहरि के लोक में चला गया, लेकिन आज भी उसका नाम पापियों और अधर्मियों के साथ लिया जाता है।

कपटी दानी की दुर्गति

तुलसी दान जो देत हैं जल में हाथ उठाइ।
प्रतिग्राही जीवै नहीं दाता नरकै जाइ॥

तुलसीदास कहते हैं कि जो मनुष्य अपने स्वार्थ हेतु मछलियों को फँसाने के लिए जल में दान देते हैं, उस दान को ग्रहण करनेवाली मछलियाँ प्राण गँवा बैठती हैं। साथ ही वे मनुष्य भी घोर नरक भोगते हैं।

अपने लोगों के छोड़ देने पर सभी वैरी हो जाते हैं

आपन छोड़ो साथ जब ता दिन हितू न कोइ।
तुलसी अंबुज अंबु बिनु तरनि तासु रिपु होइ*॥

अपने लोगों के महत्त्व को बताते हुए तुलसीदास कहते हैं कि जिस दिन अपने लोग साथ छोड़ देते हैं, उस दिन कोई भी हित करनेवाला नहीं रह जाता। यद्यपि सूर्य—कमल का मित्र है, परंतु जब जल कमल का साथ छोड़ देता है तब वही सूर्य कमल को जलाकर सुखा देता है।

सज्जन को दुष्टों का संग भी मंगलदायक होता है

तुलसी संगति पोच की सुजनहि होति म-दानि।
ज्यों हरि रूप सुताहि तें कीनि गोहारी आनि॥

तुलसीदास कहते हैं कि सज्जन मनुष्य के लिए दुर्जन की संगति भी उसी प्रकार मंगलदायिनी होती है, जिस प्रकार विष्णु बने हुए बढ़ई से विवाह करने वाली राजकन्या की पुकार पर भगवान् विष्णु सहायता के लिए दौड़े आए थे।

जीवन किनका सफल है

मातु पिता गुरु स्वामि सिख सिर धरि करहिं सुभायँ।
लहेउ लाभु तिन्ह जनम कर नतरु जनमु जग जायँ॥

जीवन की सफलता का रहस्य बताते हुए तुलसीदास कहते हैं कि जो मनुष्य माता, पिता, गुरु तथा स्वामी की सीख को सिर पर धारण कर उसका पालन करते हैं, उनका जीवन ही सफल होता है। अन्यथा इस संसार में जन्म लेना व्यर्थ है।

पिता की आज्ञा का पालन सुख का मूल है

अनुचित उचित बिचारु तजि जे पालहिं पितु बैन।
ते भाजन सुख सुजस के बसहिं अमरपति ऐन॥

तुलसीदास कहते हैं कि जो मनुष्य उचित-अनुचित की चिंता किए बिना श्रद्धापूर्वक पिता की आज्ञा का पालन करते हैं, वे जीवन भर सुख, समृद्धि और यश भोगने के बाद मृत्यु उपरांत इंद्रपुरी में निवास करते हैं।

शरणागत का त्याग पाप का मूल है

सरनागत कहुँ जे तजहिं निज अनहित अनुमानि।
ते नर पावँर पापमय तिन्हहि बिलोकत हानि॥

जो मनुष्य अपने हित को ध्यान में रखते हुए अथवा अपने अहित की बात सोचकर शरणागत का त्याग कर देते हैं, वे क्षुद्र और पापमय हैं; उनका मुख देखने से भी पाप लगता है।

दंभ सहित कलि धरम सब छल समेत ब्यवहार।
स्वारथ सहित सनेह सब रुचि अनुहरत अचार॥

तुलसी कहते हैं कि कलियुग के सभी धर्म दंभ-युक्त, व्यवहार कपट से युक्त तथा प्रेम स्वार्थ-युक्त है। इसमें धर्म, निष्कपट व्यवहार तथा निस्स्वार्थ प्रेम का त्याग कर मनुष्य मनमाना आचरण करते हैं।

असुभ बेष भूषन धरें भच्छाभच्छ जे खाहिं।
तेइ जोगी तेइ सिद्ध नर पूज्य ते कलिजुग माहिं॥

तुलसी कहते हैं कि कलियुग में जो मनुष्य अशुभ वेष धारण करते हैं; अशुभ अलंकार से युक्त होते हैं तथा खाने योग्य व न खाने योग्य सबकुछ खा जाते हैं, वे ही योगी और सिद्ध होकर सभी के लिए पूज्य हैं।

सकल धरम बिपरीत कलि कल्पित कोटि कुपंथ।
पुन्य पराय पहार बन दुरे पुरान सुग्रंथ॥

कलियुग में नीति-अनीति, पाप-पुण्य, न्याय-अन्याय—सबकुछ धर्म के अनुकूल हो गया है तथा नए-नए अनेक कुमार्ग कल्पित हो गए हैं। इससे पुण्य तथा पुराणादि ग्रंथ वनों में रहनेवाले साधु-महात्माओं तक ही सीमित होकर रह गए हैं।

फोरहिं सिल लोढ़ा सदन लागें अढुक पहार।
कायर कूर कुपूत कलि घर घर सहस डहार॥

जिस प्रकार पहाड़ की ठोकर लगने पर मूर्ख लोग घर के सिल-लोढ़े को तोड़ देते हैं, उसी प्रकार कलियुग में घरवालों को तंग करनेवाले कायर, क्रूर और कपूत प्रत्येक घर में होंगे।

भगवान् में प्रेम नहीं घटना चाहिए

श्रवन घटहुँ पुनि दृग घटहुँ घटउ सकल बल देह।
इते घटें घटिहैं कहा जौं न घटे हरिनेह॥

तुलसीदास कहते हैं कि चाहे श्रवण-शक्ति क्षीण हो जाए, चाहे आँखों की रोशनी मध्यम हो जाए, चाहे शरीर का बल साथ छोड़ दे; परंतु भगवान् श्रीहरि के प्रति प्रेम नहीं घटना चाहिए। यदि प्रेम अक्षुण्ण रहे तो किसी के रहने या न रहने से कोई प्रभाव नहीं पड़ता।

कुसमय का प्रभाव

तुलसी पावस के समय धरी कोकिलन मौन।
अब तो दादुर बोलिहैं हमें पूछिहै कौन॥

तुलसीदास कहते हैं कि जिस प्रकार बरसात की ऋतु में मेढक टर्राते हैं, इसलिए कोयल मौन हो जाती है, उसी प्रकार बुरे समय में जब दुर्जन लोगों का प्रभाव बढ़ता है, तब सज्जन मौन हो जाते हैं।

तुलसी सहित सनेह नित सुमिरहु सीता राम।
सगुन सुमंगल सुभ सदा आदि मध्य परिनाम॥

तुलसीदास कहते हैं कि जो मनुष्य निरंतर भगवान् श्रीराम और सीताजी के सगुण स्वरूप का चिंतन करते हैं, उनके आदि, मध्य और अंत सदा शुभ, मंगलदायक और कल्याणकारी होते हैं।

का भाषा का संसकृत प्रेम चाहिए साँच।
काम जु आवै कामरी का लै करिअ कुमाच॥

भगवान् के गुणों का गान करने के लिए भाषा या संस्कृत नहीं चाहिए। इसके लिए केवल सच्चा प्रेम ही बहुत है। जहाँ कंबल से काम चल जाए, वहाँ बढ़िया दुशाला लेने की क्या आवश्यकता?

□

4

गीतावली

राग केदारा

घर-घर अवध बधावने मंगल साज-समाज।
सगुन सोहावने मुदित मन कर सब निज-निज काज॥
निज काज सजत सँवारि पुर-नर-नारि रचना अनगनी।
गृह, अजिर, अटनि, बजार, बीथिन्ह चारु चौकें बिधि घनी॥
चामर, पताक, बितान, तोरन, कलस, दीपावलि बनी।
सुख-सुकृत-सोभामय पुरी बिधि सुमति जननी जनु जनी॥
चैत चतुरदसि चाँदनी, अमल उदित निसिराज।
उडगन अवलि प्रकासहीं, उमगत आनँद आज
आनंद उमगत आजु, बिबुध बिमान बिपुल बनाइकै।
गावत, बजावत, नटत, हरषत, सुमन बरषत आइकै॥
नर निरखि नभ, सुर पेखि पुरछबि परसपर सचु पाइकै।
रघुराज-साज सराहि लोचन-लाहु लेत अघाइकै॥
जागिय राम छठी सजनि रजनी रुचिर निहारि।
मंगल-मोद-मढ़ी मूरति नृपके बालक चारि॥
मूरति मनोहर चारि बिरचि बिरंचि परमारथमई।
अनुरूप भूपति जानि पूजन-जोग बिधि संकर दई॥
तिन्हकी छठी मंजुल मठी, जग सरस जिन्ह की सरसई।
किए नींद-भामिनि जागरन, अभिरामिनी जामिनि भई ॥

सेवक सजग भए समय-साधन सचिव सुजान।
मुनिबर सिखये लौकिकौ बैदिक बिबिध बिधान॥
बैदिक बिधान अनेक लौकिक आचरत सुनि जानिकै।
बलिदान-पूजा मूलिकामनि साधि राखी आनिकै॥
जे देव-देवी सेइयत हित लागि चित सनमानिकै।
ते जंत्र-मंत्र सिखाइ राखत सबनिसों पहिचानिकै॥
सकल सुआसिनि, गुरजन, पुरजन, पाहुन लोग।
बिबुध-बिलासिनि, सुर-मुनि, जाचक जो जेहि जोग॥
जेहि जोग जे तेहि भाँति ते पहिराइ परिपूरन किये।
जय कहत देत असीस, तुलसीदास ज्यों हुलसत हिये॥
ज्यों आजु कालिहु परहुँ जागन होहिंगे, नेवते दिये।
ते धन्य पुन्य-पयोधि जे तेहि समै सुख-जीवन जिये॥
भूपति-भाग बली सुर-बर नाग सराहि सिहाहिं।
तिय-बरबेष अली रमा सिधि अनिमादि कमाहिं॥
अनिमादि सारद सैलनंदिनि बाल लालहि पालहीं।
भरि जनम जे पाए न ते परितोष उमा-रमा लहीं॥
निज लोक बिसरे लोकपति घर की न चरचा चालहीं।
तुलसी तपत तिहु ताप जग जनु प्रभु छठी-छाया लहीं॥

श्रीराम के जन्म के उपरांत की स्थिति का वर्णन करते हुए तुलसीदास कहते हैं कि अयोध्या के घर-घर में मंगल मनाया जा रहा है, शुभ शकुन हो रहे हैं। सभी नर-नारी हर्षित होकर अपने-अपने कार्य कर रहे हैं। घर, आँगन, बाजार तथा गलियों को सुंदर ढंग से सजा दिया गया है। चँवर, पताका, मंडप, तोरण, कलश और दीपावली से सजी ऐश्वर्य एवं वैभवता से युक्त अयोध्या इंद्रपुरी के समान लग रही है। देवगण नाचते-गाते हुए पुष्पों की वर्षा कर रहे हैं तथा राजा दशरथ की वैभवता की प्रशंसा कर रहे हैं। राम की छठी होने के कारण आज की रात्रि अत्यंत सुंदर और मंगलमय है। चारों राजकुमार इस प्रकार सुशोभित हैं मानो विधाता ने चार सुंदर मूर्तियाँ रचकर पूजा के लिए दशरथ को सौंप दी हों। दशरथ का महल सुख और आनंद में डूबा हुआ है। गुरुवर महर्षि वसिष्ठ ने सेवकों और सुजान मंत्रियों को लौकिक और वैदिक नियमों का आदेश दे दिया है। अतः वे सभी समय को साधने अर्थात् तंत्र-मंत्र का प्रयोग करने के लिए तैयार हैं। पूजा की सामग्री तथा दानादि की वस्तुएँ एक ओर

सजाकर रखी हुई हैं। गुरुजन, ऋषि, मुनि, देवगण, सेवक—राजा दशरथ ने सभी को उनकी योग्यता के अनुसार कार्य सौंप दिए हैं। वे भी तुलसीदास की भाँति श्रीराम के प्रेम में डूबे हुए समस्त कार्य कर रहे हैं। अणिमादि सिद्धियाँ, शारदा और पार्वतीजी उन बालकों का लालन-पालन कर रही हैं। महालक्ष्मी और पार्वती को आज वह सुख मिल गया है, जो उन्हें सारे जन्म में नहीं मिला था। लोकपाल अपने लोकों की बातें भूलकर इस आनंदमय उत्सव को भाव-विभोर होकर देख रहे हैं। तुलसीदास कहते हैं कि ऐसा प्रतीत होता है मानो तीनों तापों से तपे हुए लोकों को छठी के रूप में प्रभु की छाया प्राप्त हो गई है।

राम-सिसु गोद महामोद भरे दसरथ,
कौसिलाहु ललकि लषनलाल लये हैं।
भरत सुमित्रा लये, कैकयी सत्रुसमन,
तन प्रेम-पुलक मगन मन भये हैं॥
मेढ़ी लटकन मनि-कनक-रचित, बाल-
भूषन बनाइ आछे अंग-अंग ठये हैं।
चाहि चुचुकारि चूमि लालत लावत उर
तैसे फल पावत जैसे सुबीज बये हैं॥
घन-ओट बिबुध बिलोकि बरषत फूल
अनुकूल बचन कहत नेह नये हैं।
ऐसे पितु, मातु, पूत, त्रिय, परिजन बिधि
जानियत आयु भरि येई निरमये हैं॥
'अजर अमर कोहु', 'करौ हरिहर छोहु'
जरठ जठेरिन्ह आसिरबाद दये हैं।
तुलसी सराहैं भाग तिन्हके जिन्हके हिये
डिंभ-राम-रूप-अनुराग रंग रये हैं॥

बालक राम को गोद में लेकर राजा दशरथ अत्यंत प्रसन्न हो रहे हैं। कौशल्या ने लक्ष्मण को, सुमित्रा ने भरत को तथा कैकेयी ने शत्रुघ्न को उठा लिया है। उस समय सभी आनंद और सुख के सागर में डुबकियाँ लगा रहे हैं। सुंदर आभूषणों एवं वस्त्रों से सुसज्जित चारों बालकों की शोभायमान छवि देखकर देवगण भी पुलकित हो रहे हैं तथा दशरथ एवं उनकी रानियों के भाग्य की प्रशंसा कर रहे हैं। बूढ़े-बुजुर्ग उन्हें 'अजर-अमरता' का आशीर्वाद दे रहे हैं।

तुलसीदास कहते हैं कि वे उनके भाग्य की सराहना करते हैं जिनके हृदय भगवान् राम के प्रेम से रँगे हुए हैं।

साइये लाल लाडिले रघुराई।
मगन मोद लिये गोद सुमित्रा बार-बार बलि जाई॥
हँसे हँसत, अनरसे अनरसत प्रतिबिंबनि ज्यों झाँई।
तुम सबके जीवन के जीवन, सकल सुमंगलदाई॥
मूल मूल सुरबीथि-बेलि, तम-तोम सुदल अधिकाई।
नखत-सुमन, नभ-बिटप बौंडि मानो छपा छिटकि छबि छाई॥
हौ जँभात, अलसात, तात! तेरी बानि जानि मैं पाई।
गाइ गाइ हलराइ बोलिहौं सुख नींदरी सुहाई॥
छबरु, छबीलो छगन मगन मेरे, कहति मल्हाइ मल्हाई।
सानुज हिय हुलसति तुलसी के प्रभु की ललित लरिकाई ॥

सुमित्रा ने बालक राम को गोद में उठाया हुआ है और उनपर बलिहारी होकर कहती हैं कि हे लाल! हे रघुवीर! सो जाओ। जिस प्रकार बिंब के अनुरूप उसकी छाया पड़ती है, उसी प्रकार हमारे हँसते ही तुम भी हँसने लगते हो तथा हमारे उदास होते ही तुम भी उदास हो जाते हो। तुम सभी का मंगल करनेवाले तथा सुख प्रदान करनेवाले हो। हे तात! तुम्हें जँभाई आ रही है और तुम अलसा रहे हो। मैं लोरी गाकर सुखमयी निद्रा को बुलाती हूँ। फिर माता सुमित्रा प्यार से उन्हें पुचकारने लगीं। तुलसीदास कहते हैं कि उस समय प्रभु का बाल रूप भाइयों सहित मेरे हृदय में उमगें मारता है।

राग कान्हारा

पालने रघुपति झुलावै।
लै-लै नाम सप्रेम सरस स्वर कौसल्या कल कीरति गावै॥
केकि कंठ दुति स्यामबरन बपु, बाल-बिभूषन बिरचि बनाए।
अलकैं कुटिल, ललित लटकन भ्रू, नील नलिन दोउ नयन सुहाए ॥
सिसु-सुभाय सोहत जब कर गहि बदन निकट पदपल्लव लाए।
मनहुँ सुभग जुग भुजग जलज भरि लेत सुधा ससि सों सचु पाए॥
उपर अनूप बिलोकि खेलौना किलकत पुनि-पुनि पानि पसारत।
मनहुँ उभय अंभोज अरुन सों बिधु-भय बिनय करत अति आरत ॥

तुलसिदास बहु बास बिबस अलि गुंजत, सुछबि न जाति बखानी।
मनहुँ सकल श्रुति ऋचा मधुप ह्वै बिसद सुजस बरनत बर बानी॥

माता कौशल्या राम को पालने में झुलाते हुए प्रेम भरे स्वर में प्रभु की सुंदर कीर्ति का गान कर रही हैं। मयूरकंठ की कांति के समान उनके शरीर पर रच-रचकर बालोचित विभूषण बनाए गए हैं। उनके नेत्र कमल के समान सुंदर प्रतीत होते हैं। जब वे अपने हाथों से अपने पैरों को पकड़कर मुख के पास लाते हैं, उस समय ऐसा लगता है मानो दो सुंदर सर्प चंद्रमा से अमृत लेते हुए शोभायमान हैं। जब वे ऊपर लटकते हुए खिलौने को देखकर किलकारी मारते हैं तथा बार-बार अपने हाथ पसारते हैं तो मानो दो कमल चंद्रमा से भयभीत होकर सूर्य की प्रार्थना कर रहे हैं। तुलसीदास कहते हैं कि उनकी छवि का वर्णन करना असंभव है। ऐसा लगता है मानो वेद की समस्त ऋचाएँ भौंरे बनकर निर्मल वाणी में भगवान् के विशद यश का वर्णन कर रही हैं।

राग ललित

छोटी-छोटी गोड़ियाँ अँगुरियाँ छबीलीं छोटी,
नख-जोति मोती मानो कमल-दलनि पर।
ललित आँगन खेलैं, ठुमुकु-ठुमुकु चलैं,
झुँझुनु झुँझुनु पाँय पैजनी मृदु मुखर ॥
किंकिनी कलित कटि हाटक जटित मनि,
मंजु कर-कंजनि पहुँचियाँ रुचिरतर।
पियरी झीनी झँगुली साँवरे सरीर खुली,
बालक दामिनी ओढ़ी मानो बारे बारिधर ॥
उर बघनहा, कंठ कठुला, झँडूले केश,
मेढ़ी लटकन मसिबिंदु मुनि-मन-हर।
अंजन-रंजित नैन, चित चोरै चितवनि,
मुख-सोभापार वारौं अमित असमसर॥
चुटकी बजावती नचावती कौसल्या माता,
बालकेलि गावती मल्हावती सुप्रेम-भर।
किलकि किलकि हँसैं, द्वै-द्वै दँतुरियाँ लसैं,
तुलसी के मन बसैं तोतरे बचन बर ॥

उनके छोटे-छोटे पैरों में नन्ही-नन्ही उँगलियाँ हैं, जिनके नखों की चमक ऐसी लगती है जैसे कमल दल पर मोती सुशोभित हों। आँगन में खेलते समय वे जब ठुमक-ठुमककर चलते हैं तो उनके पैरों की पैजनियों का स्वर गूँज उठता है। कमर पर स्वर्ण की मणिजड़ित करधनी है तथा हाथों में अति सुंदर पहुँचियाँ हैं। उनके साँवले शरीर पर पीत वर्ण का वस्त्र ऐसे सुशोभित है जैसे किसी छोटे बादल ने बाल-विद्युत् ओढ़ रखी हो। उनके माथे पर गभुआरे केश, चोटी, लटकन तथा काजल की बिंदी विराजमान हैं। उनकी सुंदर चितवन चित्त को चुरानेवाली है तथा उनकी मुखछवि पर अनंत कामदेव भी न्योछावर हैं। माता कौशल्या चुटकी बजाते हुए तथा बालगीत गाते हुए राम को दुलार रही हैं। श्रीराम किलकारी मारकर हँसते हैं; उनके मुख में दो दाँत शोभायमान हैं। तुलसीदास कहते हैं कि उनके हृदय में श्रीराम के मधुर तोतले वचन बसे हुए हैं।

अहल्योद्धार

रामपद-पदुम-पराग परी।
ऋषितिय तुरत त्यागि पाहन-तनु छबिमय देह धरी॥
प्रबल पाप पति-साप दुसह दव दारुन जरनि जरी।
कृपा सुधा सिंचि बिबुध-बेलि ज्यौं फिरि सुख-फरनि फरी॥
निगम-निगम मूरति महेस-मति-जुबति बराय बरी।
सोइ मूरति भइ जानि नयन पथ इकटकतें न टरी॥
बरनति हृदय सरूप, सील गुन प्रेम-प्रमोद-भरी।
तुलसिदास अस केहि आरतकी आरति प्रभु न हरी॥

अहल्या महर्षि गौतम की पत्नी थीं। महर्षि ने उन्हें शाप देकर पत्थर का बना दिया। परंतु भगवान् राम के चरणों का स्पर्श होते ही वह पुनः अपने वास्तविक स्वरूप में आ गई थीं। शाप से जलती हुई अहल्या भगवान् श्रीराम के कृपा रूपी अमृत से भीगकर सुख-आनंद से संपन्न हो गईं। वेदों के लिए भी अगम भगवान् के जिस स्वरूप का शिवजी भी ध्यान करते हैं, उन्हें एकटक देखकर भी अहल्या विचलित नहीं हुईं। वे मन-ही-मन प्रेम एवं आनंद से भरकर उनके रूप, शील और गुणों का गान करने लगीं। तुलसीदास कहते हैं कि भगवान् राम दीनों की दीनता हरने वाले हैं।

जनक बिलोकि बार-बार रघुबर को।
मुनिपद सीस नाय, आयसु-असीस पाय,
एई बातैं कहत गवन कियो घर को॥
नींद न परति राति, प्रेम-पन एक भाँति,
सोचत, सकोचत बिरंचि-हरि-हरको।
तुम्हते सुगम सब देव! देखिबे को अब
जस हंस किए जोगवत जुग पर को॥
ल्याए संग कौसिक, सुनाए कहि गुनगन,
आए देखि दिनकर कुल-दिनकर को।
तुलसी तेऊ सनेह को सुभाउ बाउ मानो
चलदल को सो पात करै चित चर को॥

रघुनाथ को देखकर जनक मोहित हो गए। तदनंतर महर्षि को प्रणाम कर वे अपने घर चले गए। रघुनाथजी का प्रेम और धनुष-भंग की प्रतिज्ञा—ये दोनों ही समान हैं। इसलिए इसके लिए वे बड़ा सोच रहे हैं। इस कारण रात्रि को उन्हें नींद भी नहीं आती। अपनी कार्य-सिद्धि के लिए वे ब्रह्मा, विष्णु एवं शिव से प्रार्थना कर रहे हैं कि हे त्रिदेवो! आपकी कृपा से सबकुछ संभव है। आप प्रेम और प्रण को एक साथ सँभाल सकते हैं। उसी समय श्रीराम-लक्ष्मण को साथ लेकर महर्षि विश्वामित्र पधारे और उनके गुणों का बखान करने लगे। तुलसीदास कहते हैं कि सूर्य के समान तेजवान् श्रीराम को देखकर राजा जनक का हृदय स्नेह रूपी वायु के झोंके से पीपल के पत्ते के समान चंचल हो उठा।

रंगभूमि में

रंगभूमि आए दसर थके किसोर हैं।
पेखनो सो पेखन चले हैं पुर-नर-नारि,
बारे-बूढ़े, अंध-पंगु करत निहोर हैं॥
नील पीत नीरज कनक मरकत घन
दामिनी-बरन तनु रूप के निचोर हैं।
सहज सलोने, राम-लषन ललित नाम,
जैसे सुने तैसेई कुँवर सिरमौर हैं॥
रन-सरोज, चारु जंघा जानु ऊरु कटि,
कंधर बिसाल, बाहु बड़े बरजोर है।

नीके कै निषंग कसे, कर कमलनि लसै
बान-बिसिषासन मनोहर कठोर हैं॥
काननि कनक फूल, उपबीत अनुकूल,
पियरे दुकूल बिलसत आछे छोर हैं।
राजिव नयन, बिधुबदन टिपारे सिर,
नख-सिख अंगनि ठगौरी ठौर-ठौर हैं॥
सभा-सरवर लोक-कोक-नद-कोकगन
प्रमुदित मन देखि दिनमनि भोर हैं।
अबुध असैले मन-मैले महिपाल भये,
कछुक उलूक कछु कुमुद चकोर हैं॥
भाइसों कहत बात, कौसिकहि सकुचात,
बोल घन घोर-से बोलत थोर-थोर हैं।
सनमुख सबहि, बिलोकत सबहि नीके,
कृपा सों हेरत हँसि तुलसी की ओर हैं॥

दशरथ-पुत्र श्रीराम के रंगभूमि में पधारने की बात सुनकर मिथिला के सभी स्त्री-पुरुष उस ओर चल पड़े। बालक, वृद्ध और विकलांग व्यक्ति भी स्वयं को वहाँ ले जाने के लिए विनती कर रहे हैं। राम-लक्ष्मण नीले एवं पीले कमल, स्वर्ण एवं मरकत मणि, मेघ और बिजली के समान वर्ण वाले हैं। वे बड़े सुंदर और मनोहारी दिखाई दे रहे हैं। उनके चरण कमल के समान, जंघा, जानु एवं कटि प्रदेश बड़े सुंदर; कंधे विशाल तथा भुजाएँ बड़ी बलशाली हैं। कंधों पर सुंदर तरकश और हाथों में कठोर धनुष-बाण सुशोभित हैं। उनके कानों में स्वर्ण-निर्मित कर्णफूल, गले में सुंदर यज्ञोपवीत तथा शरीर पर पीतांबर सुशोभित हैं। उनके नेत्र कमल के समान तथा मुख चंद्रमा के समान है। उस समय रंगभूमि सरोवर की भाँति, भगवान् श्रीराम चंद्रमा के समान तथा उपस्थित दर्शक चकवे के समान प्रतीत हो रहे हैं। इसके विपरीत हुए अज्ञानी राजा मन-ही-मन ईर्ष्या से ग्रस्त हो रहे थे। श्रीराम जब लक्ष्मण से बात करते हैं तो विश्वामित्र से सकुचाकर और मेघ के समान गंभीर शब्द बोलते हैं। प्रभु के समक्ष सभी एक समान हैं। वे सभी को समभाव से देखते हैं। तुलसीदास की ओर भी वे कृपापूर्वक हँसकर देख रहे हैं।

जयमाल जानकी जलकर लई है।
सुमन सुमंगल सगुन की बनाइ मंजु,

मानहु मदनमाली आपु निरमई है॥
राज-रुख लखि गुर भूसुर सुआसिनिन्ह,
समय-समाज की ठवनि भली ठई है।
चलीं गान करत, निसान बाजे गहगहे,
लहलहे लोयन सनेह सरसई है॥
हनि देव दुंदुभी हरषि बरषत फूल,
सफल मनोरथ भौ, सुख-सुचितई है।
पुरजन-परिजन, रानी-राउ प्रमुदित,
मनसा अनूप राम-रूप-रंग रई है॥
सतानंद-सिष सुनि पाँय परि पहिराई,
माल सिय पिय-हिय, सोहत सो भई है।
मानसतें निकसि बिसाल सुतमालपर,
मानहुँ मरालपाँति बैठी बनि गई है॥
हितनिके लाह की, उछाह की, बिनोद-मोद,
सोभा की अवधि नहि अब अधिकई है।
याते बिपरीत अनहितन की जानि लीबी
गति, कहै प्रगट, खुनिस खासी गई है॥
निज निज बेद की सप्रेम जोग-छेम-मई,
मुदित असीस बिप्र बिदुषनि दई है।
छबि तेहि काल की कृपालु सीतादूलह की
हुलसित हिये तुलसी के नित नई है॥

जानकीजी ने हाथों में जयमाला ले ली। ऐसा लगता है कि कामदेव रूपी माली ने स्वयं उस मनोहर माला को बनाया है। राजा जनक का संकेत पाकर गुरु शतानंद, ब्राह्मण-समूह एवं सुवासिनी स्त्रियों ने सजी हुई सीता को साथ लिया और मंगल गीत गाते हुए चलीं। श्रीराम और सीता परस्पर एक-दूसरे के दर्शनों के लिए उतावले हो रहे थे। देवगण शंखादि बजाते हुए ऊपर पुष्प-वर्षा कर रहे थे। अपना मनोरथ सिद्ध होने से वे बड़े प्रसन्न होकर सुख का अनुभव कर रहे थे। राजा, रानी, परिजन तथा नगरवासी—सभी आनंदित होकर श्रीराम के रग में रँग गए हैं। तदनंतर गुरु शतानंद की शिक्षा सुनने के बाद सीताजी ने भगवान् राम के गले में वरमाला डाल दी। उनकी शोभा ऐसी लग रही है मानो हंसों की जोड़ी मानसरोवर से निकलकर किसी सुंदर तालवृक्ष पर बैठी हुई हो।

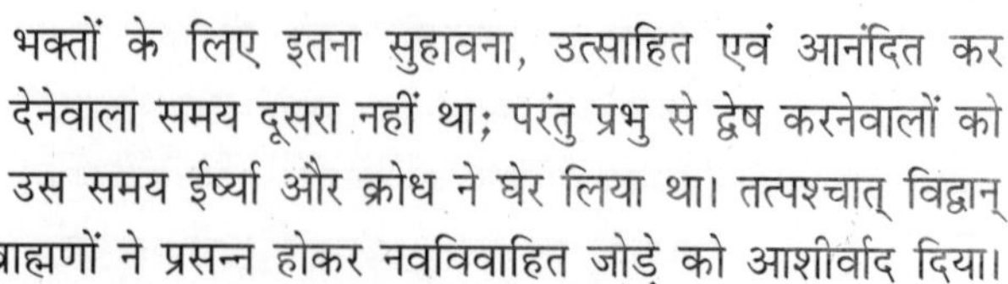

भक्तों के लिए इतना सुहावना, उत्साहित एवं आनंदित कर देनेवाला समय दूसरा नहीं था; परंतु प्रभु से द्वेष करनेवालों को उस समय ईर्ष्या और क्रोध ने घेर लिया था। तत्पश्चात् विद्वान् ब्राह्मणों ने प्रसन्न होकर नवविवाहित जोड़े को आशीर्वाद दिया। श्रीसीताजी के साथ सुशोभित भगवान् श्रीराम की अद्‌भुत छवि तुलसीदास के हृदय में अंकित हो गई।

कैसे पितु-मातु, कैसे ते प्रिय-परिजन हैं ?
जगजलधि ललाम, लोने लोने, गोरे-स्याम,
जिन पठए हैं ऐसे बालकनि बन हैं॥
रूप के न पारावार, भूप के कुमार मुनि-बेष,
देखत लोनाई लघु लागत मदन हैं।
सुखमा की मूरति-सी साथ निसिनाथ-मुखी,
नखसिख अंग सब सोभा के सदन हैं॥
पंकज-करनि चाप, तीर-तरकस कटि,
सरद-सरोजहु तें सुंदर चरन हैं।
सीता-राम-लषन निहारि ग्रामनारि कहैं,
हेरि, हेरि, हेरि! हेली हिय के हरन हैं॥
प्रानहू के प्रानसे, सुजीवन के जीवन से,
प्रेमहू के प्रेम, रंक कृपिन के धन हैं।
तुलसी के लोचन-चकोर के चंद्रमा से,
आछे मन-मोर चित चातक के घन हैं॥

अरी सखी! वे माता, पिता, कुटुंबी कैसे हैं जिन्होंने संसार रूपी समुद्र में इन सुंदर और सुकोमल बालकों को वन में भेज दिया? इन्हीं मुनिवेषधारी सुकुमारों की सुंदरता देख कामदेव भी लज्जित हो रहा है। इनके साथ सुशोभित सीता की सुंदरता नख से शिख तक प्रकट हो रही है। उनके कंधों पर लटके तरकश में असंख्य बाण हैं तथा हाथों में धनुष-बाण सुशोभित हो रहे हैं। राम, लक्ष्मण एवं सीता के इस स्वरूप को देखकर गाँव की स्त्रियाँ कहने लगीं कि हे सखी! इनकी छवि हृदय को चुराने वाली है। ये प्राणों के भी प्राण, जीवन के भी जीवन, प्रेम के भी प्रेम तथा कृपणों के भी धन जैसे हैं। तुलसीदास कहते हैं कि उनके नेत्र रूपी चकोर के लिए श्रीराम चंद्रमा के समान, मन रूपी मोर तथा चित्तरूपी चातक के लिए सुंदर मेघ के समान हैं।

देखु री सखी! पथिक नख-सिख नीके हैं।
नीले पीले कमल-से कोमल कलेवरनि,
तापस हू बेष किये काम कोटि फीके हैं॥
सुकृत-सनेह-सील-सुषमा-सुख सकेलि,
बिरचे बिरंचि किधौं अमिय, अमीके हैं।
रूपकी-सी दामिनी सुभामिनी सोहति संग,
उमहु रमातें आछे अंग-अंग ती के हैं॥
बन-पट कसे कटि, तून-तीर-धनु धरे,
धीर, बीर, पालक कृपालु सबही के हैं।
पानही न, चरन-सरोजनि चलत मग,
कानन पठाए पितु-मातु कैसे ही के हैं॥
आली अवलोकि लेहु, नयननि के फल येहु,
लाभ के सुलाभ, सुख जीवन-से जी के हैं।
धन्य नर-नारि जे निहारि बिनु गाहक हू,
आपने आपने मन मोल बिनु बीके हैं॥
बिबुध बरषि फूल हरषि हिये कहत,
ग्राम-लोभ मगन सनेह सिय-पी के हैं।
जोगी जन-अगम दरस पायो पाँवरनि,
प्रमुदित मन सुनि सुरप-सची के हैं॥
प्रीति के सुबालक-से लालत सुजन मुनि,
मग चारु चरित लषन-राम-सी के हैं।
जोग न बिराग-जाग, तप न तीरथ-त्याग,
एही अनुराग भाग खुले तुलसी के हैं॥

अरी सखी! ये पथिक तो नख से शिख तक सुंदर हैं। नीले और पीले कमलों के समान अपने कोमल शरीर से तपस्वी वेष धारण करने के बाद भी वे कामदेव को लज्जित कर रहे हैं। उनके साथ विद्युत् रूपी एक सुंदर युवती भी शोभायमान है। अवश्य विधाता ने इनकी रचना सुकृत, स्नेह, शील, सुषमा और सुख को एकत्रित करके की है। यद्यपि इन्होंने वनवासी वेष धारण किया है, परंतु इनके हाथों में धनुष-बाण तथा कंधों पर तरकश सुशोभित हैं। इन्हें देखकर प्रतीत होता है कि ये बड़े ही धीर, वीर, कृपालु और सभी का पालन करने वाले हैं। इनके माता-पिता न जाने कितने कठोर हृदय के हैं, जो इन्हें वन

में भटकने के लिए भेज दिया। जिनके दर्शन योगियों के लिए भी अत्यंत दुर्लभ हैं, उनके सलोने स्वरूप को गाँव और वन के निरीह प्राणी एकटक होकर देख रहे हैं। योग, वैराग्य, यज्ञ, तप, तीर्थ और त्याग आदि का अभाव होने पर भी श्रीराम के चरणों में अनुराग होने के कारण तुलसीदास के भाग्य खुल गए हैं।

चित्रकूट-वर्णन

राग चंचरी

चित्रकूट अति बिचित्र, सुंदर बन, महि पवित्र,
पावनि पय-सरित सकल मल-निकंदिनी।
सानुज जहँ बसत राम, लोक-लोचनाभिराम,
बाम अंग बामाबर बिस्व-बंदिनी॥
रिषिबर तहँ छंद बास, गावत कलकंठ हास,
कीर्तन उनमाय काय क्रोध-कंदिनी।
बर बिधान करत गान, वारत धन-मान-प्रान,
झरना झर झिंग झिंग झिंग जलतरंगिनी॥
बर बिहारु चरन चारु पाँड़र चंपक चनार
करनहार बार पार पुर-पुरंगिनी।
जोबन नव ढरत ढार दुत्त मत्त मृग मराल
मंद-मंद गुंजत हैं अलि अलिंगिनी॥
चितवत मुनिगन चकोर, बैठे निज ठौर-ठौर,
अच्छय अकलंक सरद-चंद-चंदिनी।
उदित सदा बन-अकास, मुदित बदत तुलसिदास,
जय-जय रघुनंदन जय जनकनंदिनी॥

चित्रकूट पर्वत बड़ा विचित्र है। वहाँ का वन बड़ा सुंदर तथा भूमि बहुत पवित्र है। संपूर्ण पापों को नष्ट करनेवाली परम पावन पयस्विनी (मंदाकिनी) नदी भी वहाँ बहती है। उस स्थान पर तीनों लोकों को मोहित करनेवाले राम अपने अनुज लक्ष्मण और पत्नी सीता के साथ निवास कर रहे हैं। ऋषिगण भगवान् श्रीराम की कीर्ति का गान करते हुए स्वच्छंद विचरण करते हैं तथा उन पर धन, मान एवं प्राणों को न्योछावर करते हैं। गाँव की स्त्रियाँ स्वयं को उनके चरणों में न्योछावर करती हैं। मृग एवं हंस मत्त होकर कोलाहल कर रहे हैं, जबकि

भौंरे मंद-मंद स्वर में गा रहे हैं। तुलसीदास प्रसन्न होकर उद्घोष करते हैं कि भगवान् राम और श्रीजानकी की जय हो।

मारीच-वध

राग सोरठ

बैठे हैं राम-लषन अरु सीता।
पंचबटी बर परनकुटी तर, कहैं कछु कथा पुनीता॥
कपट-कुरंग कनक मनिमय लखि प्रिय सों कहति हँसि बाला।
पाए पालिबे जोग मंजु मृग, मारेहु मंजुल छाला॥
प्रिया-बचन सुनि बिहँसि प्रेमबस गवहिं चाप-सर लीन्हें।
चल्यो भाजि, फिरि फिरि चितवत मुनिमख-रखवारे चीन्हें॥
सोहति मधुर मनोहर मूरति हेम-हरिनके पाछे।
धावनि, नवनि, बिलोकनि, बिथकनि बसै तुलसी उर आछे॥

पंचवटी की सुंदर पर्णकुटी में श्रीराम, लक्ष्मण एवं सीता बैठे हुए पवित्र कथाएँ कह रहे हैं। तभी एक स्वर्ण-युक्त कपटी मृग को देखकर सीताजी ने प्रियतम से हँसकर कहा कि यदि यह मनोहर मृग पकड़ लिया जाए तो इसकी सुंदर मृगछाला आपके लिए योग्य होगी। प्राणप्रिया की बात सुनकर श्रीरघुनाथ ने प्रेमवश धनुष-बाण हाथ में लिया और मृग का पीछा करने लगे। लेकिन विश्वामित्र मुनि के यज्ञ की रक्षा करनेवाले भगवान् राम को पहचानकर मृग वहाँ से दौड़ चला। स्वर्णमय मृग का पीछा करते भगवान् राम की छवि बड़ी शोभायमान हो रही है। उस समय श्रीराम का दौड़ना, झुकना, देखना, थककर खड़े रह जाना—सब तुलसीदास के हृदय में अच्छी तरह से बस गया।

देखी जानकी जब जाइ।
परम धीर समीरसुत के प्रेम उर न समाइ॥
कृस सरीर सुभाय सोभित, लगी उड़ि-उड़ि धूलि।
मनहु मनसिज मोहनी-मनि गयो भोरे भूलि॥
रटति निसिबासर निरंतर राम राजिव नैन।
जात निकट न बिरहिनी-अरि अकनि ताते बैन॥
नाथ के गुनगाथ कहि कपि दई मुँदरी डारि।
कथा सुनि उठि लई कर बर, रुचिर नाम निहारि॥

हृदय हरष–विषाद अति पति–मुद्रिका पहिचानि।
दास तुलसी दसा सो केहि भाँति कहै बखानि ? ॥

जिस समय हनुमानजी ने सीताजी को अशोक वाटिका में देखा, उनके हृदय में प्रेम समाए नहीं समाता। उनका दुर्बल शरीर भी शोभायमान है; उस पर धूल जम गई है। उन्हें देखकर ऐसा प्रतीत होता है मानो कामदेव भूलवश अपनी मोहिनी मणि को भूल गया हो। वे दिन–रात निरंतर श्रीराम के नाम का स्मरण कर रही हैं। विरहिणी स्त्रियों का शत्रु अर्थात् शीतल, मंद पवन भी उनकी ओर जाने का साहस नहीं करता, क्योंकि उसे उनकी विरहाग्नि में जल जाने का भय है। राम–कथा का गान करते हुए हनुमानजी ने सीताजी के समक्ष मुद्रिका डाल दी। सीताजी ने कथा सुनकर तथा मुद्रिका पर अपने प्रियतम का नाम देखकर उसे अपने सुंदर हाथों से उठा लिया। श्रीराम की मुद्रिका देखकर सीताजी को बड़ा हर्ष हुआ, जबकि वियोग से उनका हृदय पुनः विषाद से भर गया—उनकी उस दशा का वर्णन तुलसीदास किस प्रकार कर सकते हैं?

तुम्हरे बिरह भई गति जौन।
चित दै सुनहु, राम करुनानिधि ! जानौ कछु, पै सकौं कहि हौं न ॥
लोचन–नीर कृपिन के धन ज्यों रहत निरंतर लोचनन कोन।
'हा' धुनि–खगी लाज–पिंजरी महँ राखि हिये बड़े बधिक हठि मौन॥
जेहि बाटिका बसति, तहँ खग–मृग तजि–तजि भजे पुरातन भौन।
स्वास–समीर भेंट भइ भोरेहु, तेहि मग पगु न धर्‌यो तिहुँ पौन॥
तुलसिदास प्रभु ! दसा सीय की मुख करि कहत होति अति गौन।
दीजै दरस दूरि कीजै दुख, हौ तुम्ह आरत–आरति दौन ॥

हे करुणानिधान रघुनाथजी! आपके विरह में जानकीजी की जो गति हुई है, उसे ध्यानपूर्वक सुनो। लेकिन मैं भी जितना जानता हूँ उतना स्पष्ट रूप से नहीं कह सकता। श्रीराम, उनके नेत्रों का जल किसी कृपण के धन के समान नेत्रों के कोने में ही रह जाता है। उनके मौन रूपी बधिक ने 'आह' नामक ध्वनि रूपी पक्षी को लज्जा रूपी पिंजरे में बंद करके हृदय में रख लिया है। अर्थात् दुःख से पीड़ित होने के बाद भी उनकी आहें हृदय में ही दबी रह जाती हैं। वे जिस वाटिका में रहती हैं, वहाँ के पशु–पक्षी भी दुःखी होकर चले गए हैं। हे प्रभु! मैंने अत्यंत गौण शब्दों में सीताजी की दशा का वर्णन किया है। अतः आप

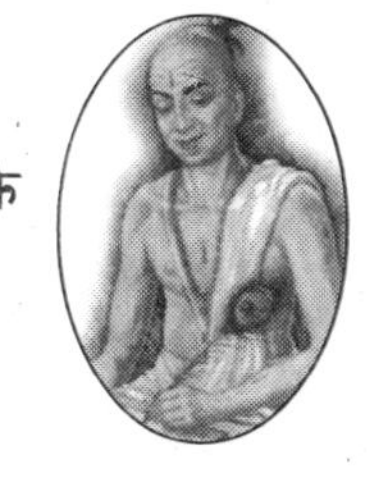

दर्शन देकर उनके दुःखों का नाश करें, क्योंकि आप दीनों के दुःखों का अंत करने वाले हैं।

दूसरो न देखतु साहिब सम रामै।
बेदऊ पुरान, कबि-कोबिद बिरद-रत,
जाको जसि सुनत गावत गुन-ग्रामै॥
माया-जीव, जग-जाल, सुभाउ, करम-काल,
सबको सासकु, सब मैं, सब जामैं।
बिधि-से करनिहार, हरि-से पालनिहार,
हर-से हरनिहार जपैं जाके नामैं॥
सोइ नरबेष जानि, जानकी बिनती मानि,
मतो नाथ सोई, जातें भलो परिनामैं।
सुभट-सिरोमनि कुठारपानि सारिखेहु
लखी औ लखाई, इहाँ किए सुभ सामैं॥
बचन-बिभूषन बिभीषन बचन सुनि
लागे दुःख दूषन-से दाहिनेउ बामैं।
तुलसी हुमकि हिये हन्यो लात, 'भले तात',
चल्यो सुरतरु ताकि तजि घोर घामैं॥

इस पद में विभीषण रावण को संबोधित करते हुए कहते हैं कि हे राक्षसराज! जिनके यशोगान में वेद, पुराण, कवि और विद्वज्जन लीन रहते हैं, उन श्रीराम के अतिरिक्त संसार का कोई और स्वामी दिखाई नहीं देता है। जो माया-जीव, जग-जंजाल, स्वभाव, कर्म और काल—सबके शासक हैं; जो संसार के कण-कण में व्याप्त हैं; सृष्टि-रचयिता ब्रह्माजी, सृष्टि-पालक श्रीविष्णु और संहारक शिव भी जिनके नाम का स्मरण करते रहते हैं, वे परब्रह्म ही श्रीराम के मनुष्य-वेश में अवतरित हुए हैं। देखो, परशुराम ने भी देख-समझकर उनके साथ संधि कर ली है। विभीषण की बात सुनकर रावण विचलित हो उठा। उसे अनुकूल होने पर भी उनके वचन प्रतिकूल और दुःखमय प्रतीत हुए। उसने क्रोध में भरकर विभीषण की छाती पर लात मारी। तब आहत विभीषण रावणसहित लंका को त्यागकर कल्पवृक्ष रूपी श्रीराम के पास चल पड़े।

विभीषन-शरणागति

जाय माय पायँ परि कथा सो सुनाई है।
समाधान करति बिभीषन को बार-बार,
'कहा भयो तात!' लात मारे बड़ो भाई है॥
साहिब, पितु समान जातुधान को तिलक,
ताके अपमान तेरी बड़िए बड़ाई है।
गरत गलानि जानि, सनमानि सिख देति,
'रोष किये दोष, सहें समुझें भलाई है ॥
इहाँतें बिमुख भये, राम की सरन गए
भलो नेमु, लोक राखे निपट निकाई है'।
मातु-पग सीस नाइ, तुलसी असीस पाइ
चले भले सगुन, कहत 'मन भाई' है ॥

माता के चरणों में गिरकर विभीषण ने उन्हें सारी बात बताई। तब माता उन्हें समझाते हुए बोली कि हे वत्स! उसके लात मारने का बुरा मत मानना; आखिरकार वह तुम्हारा बड़ा भाई है। एक तो वह तुम्हारा स्वामी है, दूसरे पिता के समान ज्येष्ठ भ्राता है तथा तीसरा राक्षस कुल का तिलक है। उसके द्वारा किया गया अपमान भी तुम्हारे लिए सम्मान की तरह है। इस समय क्रोध करना उचित नहीं है। उसके साथ रहने में ही तुम्हारी और राक्षस कुल की भलाई है। यदि तुम श्रीराम की शरण में चले गए तो यह केवल तुम्हारे लिए अच्छा है, परंतु यदि तुम यहीं रहकर रावण की सेवा करोगे तो इसमें समस्त राक्षस कुल की भलाई निहित है। तुलसीदास कहते हैं कि तब विभीषण ने माता के चरणों में प्रणाम किया और आशीर्वाद प्राप्त कर श्रीराम के पास चल पड़े। उस मार्ग में अनेक शुभ शकुन होने लगे, जिन्हें देखकर विभीषण के सभी संदेह नष्ट हो गए।

सुजस सुनि श्रवन हौं नाथ! आयो सरन।
उपल-केवट-गीध-सबरी-संसृति-समन,
सोक-श्रम-सीव सुग्रीव आरतिहरन ॥
राम राजीव-लोचन बिमोचन बिपति,
स्याम नव-तामरस-दाम बारिद-बरन।

लसत जटाजूट सिर, चारु मुनिचीर कटि,
धीर रघुबीर तूनीर-सर-धनु-धरन॥
जातुधानेस-भ्राता बिभीषन नाम
बंधु-अपमान गुरु ग्लानि चाहत गरन।
पतितपावन! प्रनतपाल? करुनासिंधु!
राखिए मोहि सौमित्रि-सेवित-चरन॥
दीनता-प्रीति-संकलित मृदुबचन सुनि
पुलकि तन प्रेम, जल नयन लागे भरन।
बोलि, 'लंकेस' कहि अंक भरि भेंटि प्रभु,
तिलक दियो दीन-दुख-दोष दारिद-दरन॥
रातिचर-जाति, आराति सब भाँति गत
कियो सो कल्यान-भाजन सुमंगलकरन।
दास तुलसी सदयहृदय रघुबंसमनि
'पाहि' कहे काहि कीन्हों न तारन-तरन?॥

श्रीराम के पास पहुँचकर विभीषण करुण स्वर में बोले कि हे नाथ! मैं आपका सुयश सुनकर आपकी शरण में आया हूँ। आप शिलारूपी अहल्या, केवट, गिद्धराज जटायु एवं शबरी का उद्धार करनेवाले तथा सुग्रीव के दुःखों का नाश करनेवाले हैं। हे श्रीराम! आप नीलकमल के समान श्यामल कांति वाले, कमल के समान नेत्र वाले, मेघ-वर्ण तथा समस्त विपत्तियों का नाश करनेवाले हैं। आपके सिर पर जटाजूट सुशोभित है। कमर में मुनिवस्त्र तथा हाथों में धनुष-बाण एवं कंधे पर तरकश धारण करनेवाले रघुवीर आप ही हैं। हे प्रभु! मैं राक्षसराज रावण का भाई विभीषण हूँ तथा अपमान की ग्लानि से गला जा रहा हूँ। हे नाथ! लक्ष्मण के समान मुझे भी अपने चरणों में स्थान दीजिए। विभीषण की बात सुनकर श्रीराम का हृदय प्रसन्नता से पुलकित हो उठा तथा नेत्रों में जल भर आया। उन्होंने विभीषण को 'लंकेश' कहकर गले से लगा लिया। जाति का राक्षस और शत्रु-पक्ष के होने के कारण विभीषण सब ओर से त्याज्य थे, परंतु श्रीराम ने उन्हें शरण में लेकर कल्याण और सम्मान का पात्र कर दिया। तुलसीदास कहते हैं कि भगवान् राम बड़े दयालु हैं। 'रक्षा करो'—ऐसा कहते ही उन्होंने पापियों को भी तार दिया।

लक्ष्मण-मूर्च्छा

राग केदारा

राम-लषन उर लाय लए हैं।
भरे नीर राजीव नयन सब अँग परिताप तए हैं॥
कहत ससोक बिलोकि बंधु-मुख बचन प्रीति गुथए हैं।
सेवक-सखा भगति-भायप-गुन चाहत अब अथए हैं॥
निज कीरति-करतूति ताप! तुम सुकृती सकल जए हैं।
मैं तुम्ह बिनु तनु राखि लोक अपने अपलोक लए हैं॥
मेरे पनकी लाज इहाँ लौं हठि प्रिय प्रान दए हैं।
लागति साँगि बिभीषन ही पर, सीपर आपु भए हैं॥
सुनि प्रभु-बचन भालु-कपि-गन, सुर सोच सुखाइ गए हैं।
तुलसी आइ पवनसुत-बिधि मानो फिर निरमये नए हैं॥

युद्ध में मेघनाद द्वारा चलाई गई शक्ति से लक्ष्मण मूर्च्छित हो गए। तब हनुमान उन्हें श्रीराम के पास ले आए। उस समय श्रीरघुनाथ ने लक्ष्मण को हृदय से लगा लिया। उनके नेत्रों में आँसू भर आए तथा दुःख से शरीर दग्ध हो उठा। वे लक्ष्मण का मुख देखकर रोते हुए कहने लगे कि अब सेवक, मित्र, भक्ति और भ्रातृत्व के सभी गुण समाप्त होने वाले हैं। हे तात! तुमने अपनी कीर्ति और कृति से सभी सुकृतियों को जीत लिया। तुम्हारे बिना जीवित रहकर मैं संसार में अपकीर्ति ही अर्जित करूँगा। मेरी प्रतिज्ञा की लाज रखने के लिए तुमने अपने प्राण संकट में डाल दिए। मेघनाद ने विभीषण पर शक्ति का प्रहार किया था, लेकिन तुमने उसे अपने हृदय पर सह लिया। भगवान् श्रीराम के ये वचन सुनकर उपस्थित वानर, रीछ तथा देवगण—सभी शोक में डूब गए। तुलसीदास कहते हैं कि उस समय ब्रह्मा रूप हनुमानजी ने संजीवनी बूटी लाकर लक्ष्मण को पुनः नवीन जीवन प्रदान किया।

राग ललित

आज रघुपति-मुख देखत लागत सुख
सेवक सुरुष, सोभा सरद-ससि सिहाई।
दसन-बसन लाल, बिसद हास रसाल
मानो हिमकर-कर राखे राजीव मनाई॥

अरुन नैन बिसाल, ललित भ्रकुटि, भाल
तिलक, चारु कपोल, चिबुक–नासा सुहाई।
बिथुरे कुटिल कच, मानहु मधु लालच अलि,
नलिन–जुगल उपर रहे लोभाई॥
स्त्रवन सुंदर, सम कुंडल कल जुगम,
तुलसिदास अनूप, उपमा कही न जाई।
मानो मरकत सीप सुंदर ससि समीप
कनक मकरजुत बिधि बिरची बनाई॥

आज रघुनाथ का मुख देखने से असीम आनंद का अनुभव हो रहा है। क्योंकि आज वे अपने सेवकों के अनुकूल हैं। शरद् पूर्णिमा का चंद्रमा भी उन्हें एकटक निहार रहा है। उनके होंठ लाल तथा उन पर सुशोभित मुसकान ऐसी प्रतीत हो रही है मानो चंद्रमा की किरणों को होंठ रूपी कमलों ने अपने पास रख लिया हो। प्रभु के अरुण वर्ण, विशाल नेत्र, मनोहर भृकुटि, ललाट पर तिलक, मनोहर कपोल, चिबुक और नासिका बड़े सुंदर तथा मनभावन लग रहे हैं। उनकी कुटिल अलकें बिखरी हुई हैं, जिन पर मधु के लोभ में दो भौंरे मँडरा रहे हैं। उनके कानों में सुंदर कुंडल सुशोभित हैं। तुलसीदास कहते हैं कि वे अत्यंत अनुपम हैं; उनकी उपमा नहीं की जा सकती। ऐसा प्रतीत होता है मानो विधाता ने उनके मुख रूपी चंद्रमा के निकट कुंडल रूपी स्वर्ण की मछलियों के साथ कर्ण रूपी मरकत मणि की सीपियों को रचकर बनाया हो।

लव–कुश जन्म

सुभ दिन, सुभ घरी, नीको नखत, लगन सुहाइ।
पूत जाये जानकी द्वै, मुनिबधू उठीं गाइ॥
हरषि बरषत सुमन सुर गहगहे बधाए बजाइ।
भुवन, कानन, आस्त्रमनि रहे मोद–मंगल छाइ॥
तेहि निसा तहँ सत्रुसूदन रहे बिधिबस आइ।
माँगि मुनि सों बिदा गवनें भोर सो सुख पाइ॥
मातु–मौसी–बहिनिहू तें, सासु तें अधिकाइ।
करहिं तापस–तीय–तनया सीय–हित चित लाइ॥

किए बिधि-ब्यवहार मुनिबर बिप्रबृंद बोलाइ।
कहत सब रिषिकृपा को फल भयो आजु अघाइ॥
सुरुष ऋषि, सुख सुतनि को, सिय-सुखद सकल सहाइ।
सूल राम-सनेह को तुलसी न जियतें जाइ॥

शुभ दिन, शुभ घड़ी, शुभ नक्षत्र और शुभ लग्न में श्रीजानकी ने दो सुंदर बालकों को जन्म दिया। उस समय मुनि-पत्नियाँ मंगल गीत गाने लगीं। देवगण प्रसन्न होकर वाद्य बजाते हुए पुष्प-वर्षा करने लगे। तीनों लोकों, वन और आश्रमों में आनंद छा गया। दैवयोग से उसी रात्रि वहाँ शत्रुघ्न आ गए। इस सुख को भोगकर वे प्रातःकाल मुनि से आज्ञा लेकर चले गए। मुनियों की स्त्रियाँ और कन्याएँ—माँ, मौसी, सास और बहन से भी बढ़कर सीताजी की सेवा करती हैं। वाल्मीकि ने ब्राह्मणों को बुलाकर सभी प्रकार के वैदिक संस्कार पूर्ण किए। सभी यही कहते हैं कि आज ऋषि-कृपा का पूरा फल प्राप्त हुआ है। तुलसीदास कहते हैं कि ऋषि की अनुकूलता और पुत्र-सुख सीताजी के लिए सुखदायक है, परंतु फिर भी उनके हृदय से श्रीराम के स्नेह का शूल नहीं निकलता।

□

5

कवितावली

पात भरी सहरी, सकल सुत बारे-बारे,
केवट की जाति, कछु बेद न पढ़ाइहौं।
सबु परिवारु मेरो याहि लागि राजा जू,
हौं दीन बित्तहीन कैसें दूसरी गढ़ाइहौं॥
गौतम की घरनी ज्यों तरनी तरैगी मेरी,
प्रभु सों निषादु ह्वै कै बादु ना बढ़ाइहौं।
तुलसी के ईस राम, रावरे सों साँची कहौं,
बिना पग धोएँ नाथ, नाव ना चढ़ाइहौं॥

इस पद में केवट भगवान् राम से विनती करते हुए कहता है कि घर में मछली के अतिरिक्त और कुछ नहीं है; मेरे बच्चे भी छोटे-छोटे हैं। मेरी जाति केवट की है, अत: उन्हें वेद पढ़ाना भी संभव नहीं है। हे राजाजी! मेरे संपूर्ण परिवार का यही एकमात्र आश्रय है। दरिद्र और निर्धन होने के कारण मैं दूसरी नाव कहाँ से बनाऊँगा? हे श्रीराम! यदि गौतम मुनि की पत्नी की भाँति मेरी नाव भी तर गई तो निषाद होने के कारण मैं आपसे झगड़ भी नहीं सकूँगा। हे नाथ! हे तुलसी के राम! मैं सच कहता हूँ कि आपके चरण धोए बिना मैं आपको नाव पर नहीं चढ़ाऊँगा।

सुंदरकांड

अशोक वन

बासव-बरुन बिधि-बनतें सुहावनो,
दसानन को काननु बसंत को सिंगारु सो।

समय पुराने पात परत, डरत बातु,
पालत लालत रति-मार को बिहारु सो॥
देखें बर बापिका तड़ाग बाग को बनाउ,
रागबस भो बिरागी पवनकुमारु सो।
सीय की दसा बिलोकि बिटप अशोक तर,
'तुलसी' बिलोक्यो सो तिलोक-सोक-सारु सो॥

अशोक वन की सुंदरता का वर्णन करते हुए गोसाईंजी कहते हैं कि रावण का वन इंद्र, वरुण एवं ब्रह्माजी से भी अधिक सुंदर व सुहावना था। वह ऐसा प्रतीत होता था मानो वसंत ऋतु का शृंगार कर रहा हो। पवनदेव भी उस वन में आने से डरते थे और उसकी रक्षा रति-कामदेव के विहार-स्थल के समान करते थे। यही कारण था कि वृक्षों के पत्ते समय के अनुसार ही गिरते थे। बाग की बनावट, उत्तम बावली और कमल-पुष्पों से युक्त तालाब को देखकर हनुमान जैसे वैरागी भी राग के अधीन हो गए; परंतु अशोक वृक्ष के नीचे श्रीजानकी को दु:खी देखकर उन्हें सारा बाग तीनों लोकों के दु:ख का सार दिखाई देने लगा।

माली मेघमाल, बनपाल बिकराल भट,
नीकें सब काल सींचैं सुधासार नीर के।
मेघनाद तें दुलारो, प्रान तें पियारो बागु,
अति अनुरागु जियँ जातुधान धीर कें॥
'तुलसी' सो जानि-सुनि, सीय को दरसु पाइ,
पैठो बाटिकाँ बजाइ बल रघुबीर कें।
बिद्यमान देखत दसानन को काननु सो
तहस-नहस कियो साहसी समीर कें॥

मेघों के समूह उस बाग के माली हैं और बड़े-बड़े विकराल राक्षस वहाँ के रक्षक हैं। वे अमृत के समान जल से उस बाग की सिंचाई करते हैं। धीर-वीर रावण के मन में भी उस बाग के लिए अत्यंत अनुराग था। इसलिए वह उसे अपने पुत्र मेघनाद से भी अधिक प्रेम करता था। गोसाईंजी कहते हैं कि यह बात जानते हुए भी सीताजी को देखकर हनुमानजी बाग में निडर होकर घुस गए और बाग को तहस-नहस कर डाला।

बड़ो बिकराल बेषु देखि सुनि सिंघनादु,
उठ्यो मेघनादु, सबिषाद कहै रावनो।

बेग जित्यो मारुतु, प्रताप मारतंड कोटि,
कालऊ करालताँ, बड़ाई जित्यो बावनो॥
'तुलसी' सयाने जातुधान पछिताने कहैं,
जाको ऐसो दूतु, सो तो साहेबु अबै आवनो।
काहे को कुसल रोषें राम बामदेवहू की,
बिषम बलीसों बादि बैर को बढ़ावनो॥

हनुमानजी का रौद्र सिंहनाद सुनकर मेघनाद क्रोधित होकर अपने स्थान से उठा। तब रावण चिंतित होकर बोला कि इस वानर ने वेग में वायु को, तेज में करोड़ों सूर्यों को, करालता में काल को और विशालता में भगवान् वामन को भी जीत लिया है। तुलसीदास कहते हैं कि उस समय जो राक्षस समझदार थे, वे पश्चात्ताप करते हुए कहने लगे कि जिसका दूत इतना प्रचंड है, उसका स्वामी कितना वीर और तेजवान् होगा! भला श्रीराम के क्रोधित होने पर भगवान् शिव भी कैसे कुशल रह सकते हैं! ऐसे बाँके वीर से वैर करना व्यर्थ है।

भूमि भूमिपाल, ब्यालपालक पताल, नाक-
पाल, लोकपाल जेते, सुभट-समाजु है।
कहै मालवान, जातुधानपति! रावरे को
मनहूँ अकाजु आनै, ऐसो कौन आजु है॥
रामकोहु पावकु, समीरु सीय-स्वासु, कीसु,
ईस-बामता बिलोकु, बानरको ब्याजु है।
जारत पचारि फेरि-फेरि सो निसंक लंक,
जहाँ बाँको बीरु तोसो सूर-सिरताजु है॥

जब हनुमान लंका-दहन कर रहे थे, उस समय माल्यवान् रावण से बोला कि हे राक्षसराज! पृथ्वी पर जितने राजा हैं। पाताल में जितने सर्पराज हैं, स्वर्ग के जितने लोकपाल एवं अधिपति हैं तथा जितना वीरों का समाज है, उसमें से कोई ऐसा नहीं है जो आपके अहित के विषय में सोच 'ी सके; किंतु यह अग्नि रामचंद्र का क्रोध तथा वायु जानकी की श्वास है। यह वानर नहीं है, वस्तुतः वानर-रूप में ईश्वर की प्रतिकूलता है। इस समय लंका में जब तुम जैसा वीर उपस्थित है, तब भी यह वानर बिना किसी भय के लंका को जला रहा है।

सीताजी से विदाई

जारि–बारि, कै बिधूम, बारिधि बुताइ लूम,
नाइ माथो पगनि, भो ठाढ़ो कर जोरि कै।
मातु! कृपा कीजै, सहिदानि दीजै, सुनि सीय,
दीन्ही है असीस चारु चूड़ामनि छोरि कै॥
कहा कहौं तात! देखे जात ज्यों बिहात दिन,
बड़ी अवलंब ही, सो चले तुम्ह तोरि कै।
'तुलसी' सनीर नैन, नेह सो सिथिल बैन,
बिकल बिलोकि कपि कहत निहोरि कै॥

लंका को जलाने के बाद हनुमानजी ने समुद्र के जल से अपनी पूँछ की अग्नि बुझाई। तदनंतर श्रीजानकी के चरणों में सिर झुकाकर प्रणाम किया और हाथ जोड़कर विनती करते हुए बोले कि हे माते! भगवान् श्रीराम के लिए कोई चिह्न प्रदान करें। तब सीताजी ने हनुमान को आशीर्वाद देते हुए उन्हें अपनी चूड़ामणि सौंप दी और बोली कि हे भैया! श्रीराम के वियोग में यहाँ मेरे दिन किस प्रकार कट रहे हैं, यह तुम भली-भाँति देख चुके हो। तुम्हारे रहने से कुछ सहारा मिला था, लेकिन तुम भी अब जा रहे हो।... गोसाईंजी कहते हैं कि उस समय श्रीजानकी की आँखों से आँसू बहने लगे और उनकी वाणी क्षीण हो गई। तब हनुमानजी उन्हें विनयपूर्वक समझाने लगे।

भगवान् राम की उदारता

नगरु कुबेर को सुमेरुकी बराबरी,
बिरंचि–बुद्धि को बिलासु लंक निरमान भो।
ईसहि चढ़ाइ सीस बीसबाहु बीर तहाँ,
रावनु सो राजा रज–तेज को निधानु भो॥
'तुलसी' तिलोक की समृद्धि, सौंज, संपदा,
सकेलि चाकि राखी, रासि, जाँगरु जहानु भो।
तीसरें उपास बनबास सिंधु पास सो,
समाजु महाराजजू को एक दिन दानु भो॥

भगवान् राम की उदारता का वर्णन करते हुए तुलसीदास कहते हैं कि कुबेर की संपूर्ण लंका स्वर्ण से निर्मित होने के कारण सुमेरु पर्वत के समान है। उसे देखकर ऐसा लगता है मानो ब्रह्माजी की बुद्धि का कौशल ही लंका के रूप

में खड़ा हो गया है। राजसी तेज से युक्त तथा बीस भुजाओंवाले रावण ने भगवान् शिव को अपने मस्तक पर धारण करके लंकापति बनने का सौभाग्य प्राप्त किया है। तुलसीदास कहते हैं कि ऐसा लगता है मानो तीनों लोकों का ऐश्वर्य, वैभवता और धन-संपत्ति को एकत्रित करके यहाँ सीमाओं में बाँधकर रख दिया है। इसी का भूसा शेष संसार बन गया है। परंतु भगवान् राम की उदारता तो देखो; समुद्र-तट पर तीन दिन उपवास करने के बाद संपूर्ण ऐश्वर्यशाली लंका उनके एक दिन का दान हो गई—अर्थात् उन्होंने निस्संकोच उसे विभीषण को दान में दे दिया।

बिपुल बिसाल बिराल कपि-भालु, मानो
कालु बहु बेष धरें, धाए किएँ करषा।
लिये सिला-सैल, साल, ताल औ तमाल तोरि
तोपैं तोयनिधि, सुर को समाजु हरषा॥
डगे दिगकुंजर कमठु कोलु कलमले,
डोले धराधर धारि, धराधरु धरषा।
'तुलसी' तमकि चलैं, राघौ की सपथ करैं,
को करै अटक कपि कटक अमरषा॥

समुद्र पर सेतु बनाने के विषय में तुलसी कहते हैं कि विकराल और भयंकर भालू एवं वानर इस प्रकार दौड़ पड़े मानो अनेक क्रोधित काल दौड़ रहा हो। कोई शिला, कोई पर्वत, कोई शाल, कोई ताड़ और कोई तमाल वृक्ष को लेकर समुद्र को पाटने लगे। इस कार्य से देवताओं में हर्ष की लहर दौड़ गई। इस उथल-पुथल से दिशाओं के हाथी डोलने लगे, कच्छप और वाराह विचलित हो गए, पहाड़ काँपने लगे तथा शेषनाग दब गए। वानर श्रीराम के नाम का उद्घोष करते हुए तमककर चल रहे थे। उस समय भला ऐसा कौन था, जो उनके वेग को रोक सकता!

अंगदजी का दूतत्व

'आयो! आयो! आयो सोई बानर बहोरि!' भयो
सोरु चहुँ ओर लंकाँ आएँ जुबराज कें।
एक काढ़ैं सौंज, एक धौंज करैं, 'कहा ह्वैहै,
पोच भई', महासोचु सुभट समाज कें॥
गाज्यो कपिराजु रघुराज की सपथ करि,

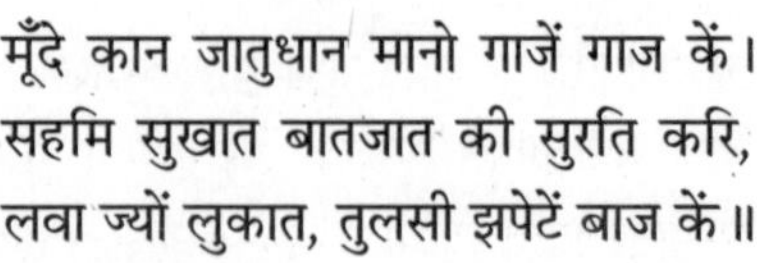

मूँदे कान जातुधान मानो गाजें गाज कें।
सहमि सुखात बातजात की सुरति करि,
लवा ज्यों लुकात, तुलसी झपेटें बाज कें॥

भगवान् श्रीराम ने अंगद को दूत बनाकर रावण के दरबार में भेजा तो उनके आने से लंका में भगदड़ मच गई। चारों ओर एक ही शोर मच गया कि यह वही वानर पुनः आ गया है जिसने लंका को भस्म कर दिया था। कोई अपना सामान समेटने लगा तो कोई घर की ओर दौड़ पड़ा। इस प्रकार रावण के वीरों में एक वानर के आने से ही हलचल मच गई। जब भगवान् राम के नाम का उद्घोष करते हुए अंगद गरजे तो ऐसा लगा मानो करोड़ों बिजलियाँ एक साथ गरज उठी हों। राक्षसों ने कानों पर हाथ रख लिये। उन्हें हनुमानजी का स्मरण था। अतः भय से वे सूख गए और इधर-उधर उसी प्रकार छिपने लगे जिस प्रकार बाज को देखकर निरीह पक्षी छिप जाते हैं।

रावण और मंदोदरी

झूलना

कनक गिरिसृंग चढ़ि देखि मर्कट कटकु,
बदत मंदोदरी परम भीता
सहसभुज-मत्त गजराज-रनकेसरी
परसुधर गर्बु जेहि देखि बीता॥
दास तुलसी समरसूर कोसलधनी,
ख्याल हीं बालि बलसालि जीता।
रे कंत! तृन दंत गहि 'सरन श्रीरामु' कहि,
अजहुँ एहि भाँति लै सौंपु सीता॥

स्वर्णगिरि के शिखर पर चढ़कर जब मंदोदरी ने वानर-सेना को देखा तो भयभीत होकर कहने लगी कि जिन्हें देखकर सहस्रबाहु रूपी मत्त गजराज तथा केसरी के समान वीर परशुराम का गर्व जाता रहा, वे भगवान् राम रणभूमि में बहुत वीर और प्रबल हैं। उन्होंने खेल-ही-खेल में परम शक्तिशाली बालि को भी जीत लिया था। हे स्वामी! आप दाँतों में तिनका दबाकर 'मैं भगवान् श्रीराम की शरण में हूँ' कहते हुए जानकी को ले जाकर उन्हें सौंप दो। इसी में समस्त राक्षस कुल का कल्याण है।

अंग-अंग दलित ललित फूले किंसुक-से
हने भट लाखन लखन जातुधान के।
मारि कै, पछारि कै, उपाहि भुजदंड चंड,
खंडि-खंडि डारे ते बिदारे हनुमान के॥
कूदत कबंध के कदंब बंब-सी करत,
धावत दिखावत हैं लाघौ राघौबान के।
तुलसी महेसु, बिधि, लोकपाल, देवगन,
देखत बेवान चढ़े कौतुक मसान के॥

युद्ध का वर्णन करते हुए तुलसीदास कहते हैं कि लक्ष्मणजी द्वारा मारे गए बाणों से रावण के लाखों वीरों का अंग-अंग घायल हो गया। इससे वे फूले हुए पलाश के समान दिखाई दे रहे हैं। कुछ वीरों को हनुमानजी ने मारकर, पछाड़कर, उनकी भुजाओं को उखाड़कर तथा उनके शरीरों को खंडित करके मार दिया है। कबंधों के झुंड भयंकर शब्द करते हुए राक्षसों का संहार करते हुए कूदते फिर रहे हैं। गोसाईंजी कहते हैं कि उस समय महेश, ब्रह्मा, लोकपाल और अन्य देवगण अपने-अपने विमानों पर चढ़े युद्धभूमि का दृश्य देख रहे हैं।

मारे रन राचिर रावनु सकुल दलि,
अनुकूल देव-मुनि फूल बरषतु हैं।
नाग, नर, किंन्नर, बिरंचि, हरि हरु हेरि
पुलक सरीर हिएँ हेतु हरषतु हैं॥
बाम ओर जानकी कृपानिधान के बिराजैं,
देखत बिषादु मिटै, मोदु करषतु हैं।
आयसु भो, लोकनि सिधारे लोकपाल सबै,
'तुलसी' निहाल कै कै दिए सरखतु हैं॥

तुलसीदास कहते हैं कि भगवान् श्रीराम ने रावण का कुल सहित नाश करके युद्ध में राक्षसों का पूर्णतः संहार कर दिया। इससे प्रसन्न होकर देवगण तथा ऋषि-मुनि जन श्रीराम पर पुष्प-वर्षा करते हुए उनकी जय-जयकार करने लगे। यह दृश्य देखकर ब्रह्मा, विष्णु और शिव सहित नाग, नर एवं किन्नर के शरीर पुलकित हो रहे हैं; उनके हृदय में प्रेम और आनंद का समुद्र उमड़ रहा है। भगवान् श्रीराम की बाईं ओर श्रीजानकी विराजमान हैं, जिनके दर्शन मात्र से समस्त दुःख नष्ट हो जाते हैं तथा सुख-आनंद में वृद्धि होती है। तब लोकपाल

आज्ञा पाकर अपने-अपने लोक लौट गए। गोसाईंजी कहते हैं कि भगवान् श्रीराम ने सबको निहाल करके उन्हें अभय प्रदान कर दिया।

सेवा अनुरूप फल देत भूप कूप ज्यों,
बिहूने गुन पथिक पिआसे जात पथ के।
लेखें-जोखें चोखें चित 'तुलसी' स्वारथ हित,
नीकें देखे देवता देवैया घने गथ के॥
गीधु मानो गुरु कपि-भालु माने मीत कै,
पुनीत गीत साके सब साहेब समत्थ के।
और भूप परखि सुलाखि तौलि ताइ लेत,
लसम के खसमु तुहीं पै दसरत्थ के॥

राजा कुएँ के समान सेवा के अनुकूल फल प्रदान करते हैं। जबकि गुण रूपी रस्सी के बिना कई पथिक प्यासे ही चले जाते हैं। तुलसीदास कहते हैं कि शुद्ध हृदय से ध्यान लगाकर भली-भाँति समझ गए हैं कि स्वार्थ हेतु धन-संपदा प्रदान करनेवाले अनेक देवता हैं; परंतु जिन्होंने गिद्धराज (जटायु) को पिता-तुल्य तथा वानर-भालुओं को मित्र-तुल्य समझा, ऐसे समर्थ स्वामी के गीत और सभी कीर्ति-कथाएँ पवित्र हैं। जितने भी राजा हैं, वे अच्छी तरह से जाँच-परखकर तथा नाप-तौलकर सेवक लेते हैं। परंतु हे दशरथनंदन! आप समस्त संसार के स्वामी हैं।

नाम-विश्वास

स्वारथ को साजु न समाजु परमारथ को,
मोसो दगाबाज दूसरो न जगजाल है।
कै न आयों, करौं न करौंगो करतूति भली,
लिखी न बिरंचिहूँ भलाई भूमि भाल है॥
रावरी सपथ, राम नाम ही की गति मेरे,
इहाँ झूठो, झूठो सो तिलोक तिहूँ काल है।
तुलसी को भलो पै तुम्हारें ही किएँ कृपाल,
कीजै न बिलंबु बलि, पानी भरी खाल है॥

तुलसीदास विनती करते हुए कहते हैं कि हे श्रीराम! मेरे पास न तो स्वार्थ साधने का सामान है और न ही परमार्थ की सामग्री है। इस संसार में मेरे

समान दगाबाज भी दूसरा कोई नहीं है। न तो मैं सत्कर्म करके आया हूँ, न ही करता हूँ और न ही करूँगा। ब्रह्माजी ने मेरे भाग्य में भूलकर भी भलाई नहीं लिखी। परंतु हे श्रीराम! आपकी शपथ है; मुझे केवल आपके नाम की ही गति है। जो आपके समक्ष झूठा है, वह तीनों लोकों और कालों में झूठा है। हे कृपालु! तुम्हारे द्वारा ही तुलसी की भलाई होगी। हे राम! बिना विलंब किए मुझ पर अपनी कृपादृष्टि करो। मेरी दशा जल से भीगी हुई उस खाल के समान है, जो पल-प्रतिपल सड़ रही है। मेरे नष्ट होने में देर नहीं है; मुझे अपनी शरण में ले लो।

बेदहूँ पुरान कही, लोकहूँ बिलोकिअत,
राम नाम ही सों रीझें सकल भलाई है।
कासी हू मरत उपदेसत महेसु सोई,
साधना अनेक चितई न चित लाई है॥
छाछी को ललात जे, ते रामनाम कें प्रसाद,
खात, खुनसात सोंधे दूधकी मलाई है।
रामराज सुनिअत राजनीति की अवधि,
नामु राम! रावरो तौ चामकी चलाई है॥

राम-नाम की महिमा का वर्णन करते हुए तुलसीदास कहते हैं कि वेद एवं पुराणों में कहा गया है कि श्रीराम-नाम से प्रेम करने में ही सभी तरह की भलाई निहित है। काशी में प्राण त्यागनेवाले जीवों को भी भगवान् शिव यही उपदेश देते हैं। उन्होंने न तो किसी अन्य साधन की ओर देखा और न ही उन्हें अपने हृदय में स्थान दिया। जो छाछ के लोभी हैं, वे श्रीराम रूपी सुगंधित दूध की मलाई खाने में हिचकिचाते हैं। श्रीराम के राज्य में राजनीति की पराकाष्ठा सुनी जाती है। परंतु हे राम! आपके नाम ने तो अधर्मियों और पापियों का भी उद्धार कर दिया।

रामु मातु, पितु, बंधु, सुजन, गुरु, पूज्य, परमहित।
साहेबु, सखा, सहाय, नेह-नाते, पुनीत चित॥
देसु, कोसु, कुलु, कर्म, धर्म, धनु, धामु, धरनि, गति।
जाति-पाँति सब भाँति लागि रामहि हमारि पति॥
परमारथु, स्वारथु, सुजसु, सुलभ राम तें सकल फल।
कह तुलसिदासु, अब, जब-कबहुँ एक रामते मोर भल॥

तुलसीदास कहते हैं कि भगवान् राम ही मेरे माता, पिता, बंधु, स्वजन, गुरु, पूज्य और परम हितकारी हैं। वे ही मेरे स्वामी, सखा एवं सहायक हैं। पवित्र हृदय से जितने भी प्रेम के संबंध हैं, सब राम ही हैं। श्रीराम ही मेरा देश, कोश, कुल, कर्म, धर्म, धन, धाम और गति हैं। राम ही मेरी जाति-पाँति हैं और राम ही मेरी प्रतिष्ठा के मूल हैं। परमार्थ, स्वार्थ, सुयश एवं सभी प्रकार के पुण्य फल केवल भगवान् श्रीराम की कृपा से संभव हैं। तुलसीदास कहते हैं कि मेरा भला केवल श्रीराम से ही होगा।

विनय

हनूमान! ह्वै कृपाल, लाडिले लखनलाल!
भावते भरत! कीजै सेवक-सहाय जू।
बिनती करत दीन दूबरो दयावनो सो
बिगरेतें आपु ही सुधारि लीजै भाय जू॥
मेरी साहिबिनी सदा सीस पर बिलसति
देबि क्यों न दास को देखाइयत पाय जू।
खीझहू में रीझिबे की बानि, सदा रीझत हैं,
रीझे ह्वैहैं, राम की दोहाई, रघुराय जू॥

तुलसीदास विनती करते हुए कहते हैं कि हे वीर हनुमान! हे लाड़ले लखनलाल! हे मनभावन भरतजी! कृपा कर मुझ सेवक की सहायता करें। यह दीन, दुर्बल और दया का पात्र आपसे विनती करता है कि यदि मुझसे कोई बात बिगड़ जाए तो आप उसे सुधार लें। मेरी स्वामिनी मेरे मस्तक पर सदैव विराजमान रहती हैं। अतः हे देवी! आप इस दास को अपने चरणों के दर्शन क्यों नहीं करवातीं? मेरे प्रभु का खीझने में भी रीझने का भाव निहित है। वे सदैव प्रसन्न रहते हैं। अतः इस समय भी वे अवश्य रीझे होंगे।

सीतावट-वर्णन

जहाँ बालमीकि भए ब्याधतें मुनिंदु साधु
'मरा-मरा' जपें सिख सुनि रिषि सात की।
सीय को निवास लव-कुस को जनमथल
तुलसी छुवत छाँह ताप गरै गात की॥

बिटप महीप सुरसरित समीप सोहै,
सीताबटु पेखत पुनीत होत पात की।
बारिपुर दिगपुर बीय बिलसति भूमि,
अंकित जो जानकी-चरन-जलजात की॥

तुलसीदास कहते हैं कि सप्तर्षियों द्वारा प्रेरित किए जाने पर जिस स्थान पर वाल्मीकि 'मरा-मरा' शब्द का जाप करते हुए व्याध से महर्षि हो गए, जिस स्थान पर श्रीसीताजी ने लव-कुश को जन्म दिया, जहाँ की छाया का स्पर्श होते ही शरीर का समस्त ताप शांत हो जाता है, वह परम पवित्र वृक्ष सीतावट गंगाजी के तट पर स्थित है। उसके दर्शन मात्र से पापियों के समस्त पापों का नाश हो जाता है। वारिपुर (प्रयाग) और दिगपुर (काशी)—इन दो गाँवों के बीच में स्थित यह स्थान सीतामढ़ी के नाम से प्रसिद्ध है। इसी स्थान पर सीताजी के चरण-कमल अंकित हैं।

पंचकोस पुन्यकोस स्वारथ-परमारथ को
जानि आपु आपने सुपास बास दियो है।
नीच नर-नारि न सँभारि सके आदर,
लहत फल कादर बिचारि जो न कियो है॥
बारी बारानसी बिनु कहे चक्रपानि चक्र,
मानि हितहानि सो मुरारि मन भियो है।
रोस में भरोसो एक आसुतोस कहि जात
बिकल बिलोकि लोक कालकूट पियो है॥

पाँच कोस के बीच में स्थित काशी पुण्यों का भंडार और स्वार्थ-परमार्थ का साधन है—इस बात को जानकर ही आपने यहाँ निवास करने वालेलोगों को अपने पार्श्व में स्थान प्रदान किया है। परंतु जो स्त्री-पुरुष इस आदर को सह नहीं सके, वे नीच कर्म करते हुए उसके पाप-फल को भोगते हैं; परंतु बड़े आश्चर्य की बात है कि कलियुग आपसे भयभीत नहीं होता। भगवान् श्रीकृष्ण के कहे बिना ही सुदर्शन चक्र ने पौंड्रक के वध के लिए काशी को जला दिया था। यद्यपि उसमें श्रीकृष्ण का कोई दोष नहीं था, फिर भी इसे आपके प्रेम की हानि समझकर उनके हृदय में बड़ा संकोच है। दैव कोप होने पर भक्तों को एकमात्र भगवान् आशुतोष का ही भरोसा है, क्योंकि आपने ही तीनों लोकों के कल्याण हेतु कालकूट विष पिया था।

विविध

रामनाथ मातु-पितु, स्वामि समरथ, हितु,
आस रामनाम की, भरोसो रामनाम को।
प्रेम रामनाम हीसों, नेम रामनाम ही को,
जानौं नाम मरम पद दाहिनो न बाम को॥
स्वारथ सकल परमारथ को रामनाम,
रामनाम हीन तुलसी न काहू काम को।
राम की सपथ, सरबस मेरें रामनाम,
कामधेनु-कामतरु मोसे छीन छाम को॥

तुलसीदास कहते हैं कि राम-नाम ही मेरे माता-पिता, मेरा समर्थ स्वामी और मेरा हितकारी है। मुझे राम-नाम से ही आशा है और केवल उसी का भरोसा है। राम-नाम से ही मुझे प्रेम है और राम-नाम जपने का ही नियम है। इसके अतिरिक्त मुझे अनुकूल-प्रतिकूल का कोई भेद ज्ञात नहीं है। मेरे समस्त स्वार्थ और परमार्थ को सिद्ध करनेवाला एकमात्र राम-नाम ही है। उसके बिना तुलसीदास किसी योग्य नहीं है। मैं श्रीराम की शपथ खाकर कहता हूँ कि राम-नाम ही मेरा सर्वस्व है। मुझ जैसे दीन-हीन के लिए वे ही कामधेनु और कल्पवृक्ष के समान हैं।

□

6

विनयपत्रिका

अब लौं नसानी, अब न नसैहौं।
राम-कृपा भव-निसा सिरानी, जागे फिरि न डसैहौं॥
पायेउँ नाम चारु चिंतामनि, उर कर तें न खसैहौं।
स्यामरूप सुचि रुचिर कसौटी, चित कंचनहिं कसैहौं॥
परबस जानि हँस्यो इन इंद्रिन, निज बस ह्वै न हँसैहौं।
मन मधुकर पनकै तुलसी रघुपति-पद-कमल बसैहौं॥

तुलसीदास कहते हैं कि अब तक यह आयु व्यर्थ ही नष्ट हुई; लेकिन अब इसे और नष्ट नहीं होने दूँगा। भगवान् राम की कृपा से संसार रूपी रात्रि बीत चुकी है। अब जागने के बाद पुनः माया के बंधनों में नहीं फँसूँगा। मुझे रामनाम रूपी मणि मिल गई है। उसे हृदय रूपी हाथों से कभी दूर नहीं होने दूँगा। भगवान् श्रीराम के पवित्र स्वरूप को हृदय में बसाकर निरंतर उनका स्मरण करूँगा। जब तक मैं इंद्रियों के वश में था, तब तक उनके हाथों की कठपुतली बनकर नाचता रहा; परंतु अब मैं अपने मन रूपी भौंरे को वश में करके अपने चित्त को भगवान् राम के चरणों में लगाऊँगा।

एक सनेही साचिलो केवल कोसलपालु।
प्रेम-कनोड़ो रामसो नहिं दूसरो दयालु॥
तन-साथ्थी तब स्वारथी, सुर ब्यवहार-सुजान।
आरत-अधम-अनाथ हित को रघुबीर समान॥
नाद निठुर, समचर सिखी, सलिल सनेह न सूर।
ससि सरोग, दिनकरु बड़े, पयद प्रेम-पथ कूर॥

जाको मन जासों बँध्यो, ताको सुखदायक सोइ।
सरल सील साहिब सदा सीतापति सरिस न कोइ॥
सुनि सेवा सही को करै, परिहरै को दूषन देखि।
केहि दिवान दिन दीन को आदर-अनुराग बिसेखि॥
खग-सबरी पितु-मातु ज्यों माने, कपि को किए मीत।
केवट भेंट्यो भरत ज्यों, ऐसो को कहु पतित-पुनीत॥
देइ अभागहिं भागु को, को राखै सरन सभीत।
बेद-बिदित बिरुदावली, कबि-कोबिद गावत गीत॥
कैसेउ पाँवर पातकी, जेहि लई नाम की ओट।
गाँठी बाँध्यो दाम तो, परख्यो न फेरि खर-खोट॥
मन-मलीन, कलि बिलबिषी होत सुनत जासु कृत-काज।
सो तुलसी कियो आपुनो रघुबीर गरीब-निवाज॥

केवल कौशल-नरेश श्रीरामचंद्र ही एकमात्र सच्चे स्नेही हैं। रामजी के समान प्रेमी कोई दूसरा नहीं है। इस नश्वर देह से संबंध रखनेवाले सभी स्वार्थी हैं। देवगण भी व्यवहार में बड़े चतुर हैं। जितनी सेवा करोगे, वे उतना ही फल देंगे; यदि सेवा से हटे तो सबकुछ व्यर्थ कर देंगे। परंतु दुःखी, नीच और अनाथों का भला करने वाले केवल भगवान् राम ही हैं। राग अथवा संगीत के रस में फँसकर हिरण मारा जाता है; अग्नि सभी के साथ समान व्यवहार करती है, इसलिए उसका प्रेमी भौंरा भी जलकर भस्म हो जाता है। जल भी प्रेम का सम्मान नहीं करता। मछली तो उसके बिना एक पल भी नहीं रह सकती, परंतु मछली के रहने अथवा न रहने का उस पर कोई असर नहीं होता। चंद्रमा के रोगी होने के बाद भी चकोर उससे अनन्य प्रेम करता है; उसपर मुग्ध होकर वह अंगारे चुग लेता है, परंतु चंद्रमा को उसपर तरस नहीं आता। सूर्य भी प्रेम का अर्थ नहीं जानता। कमल की कली उसे देखकर प्रेम से खिल उठती है, परंतु निर्दयी सूर्य अपनी तप्त किरणों से उसे पल भर में सुखा देता है। मेघ अपने प्रेमी चातक पर निर्दयता से ओले और बिजली गिराता है, परंतु क्या किया जा सकता है? जो जिसके साथ प्रेम के बंधन में बँध जाता है, वह उसके द्वारा दिए जाने वाले दुःख को भी सुख समझकर स्वीकार कर लेता है; परंतु श्रीरघुनाथ जैसा दयालु, सरल, सुशील और भक्त-वत्सल स्वामी दूसरा कोई नहीं है। उन्होंने गिद्धराज जटायु को पिता तथा शबरी को माता के समान माना। वानरराज सुग्रीव एवं जांबवंत को अपना मित्र बनाया; केवट को भाई से अधिक प्रेम दिया।

पापियों को पवित्र करने वाला उनके अतिरिक्त कौन हो सकता है? जिसने भी भगवान् राम की शरण ले ली, उसके समस्त पाप नष्ट हो गए। जिन भगवान् राम की लीलाओं का श्रवण करके कलियुग में पापी भी पवित्र हो जाते हैं, तुलसीदास ने स्वयं को उनका दास मान लिया है। श्रीरघुनाथ ऐसे ही भक्त-वत्सल और दीनों के भगवान् हैं।

ऐसी आरती राम रघुबीर की करहि मन।
हरन दुखदुंद गोबिंद आनंदघन॥
अचरचर रूप हरि, सरबगत, सरबदा बसत, इति बासना धूप दीजै।
दीप निजबोधगत-कोह-मद-मोह-तम, प्रौढ़ अभिमान चितबृत्ति छीजै॥
भाव अतिशय विशद प्रवर नैवेद्य शुभ श्रीरमण परम संतोषकारी।
प्रेम-तांबूल गत शूल संशय सकल, विपुल भव-बासना-बीजहारी॥
अशुभ-शुभकर्म-घृतपूर्ण दश वर्तिका, त्याग पावक, सतोगुण प्रकासं।
भक्ति-वैराग्य-विज्ञान दीपावली, अर्पि नीराजनं जगनिवासं॥
बिमल हृदि-भव कृत शांति-पर्यंक शुभ, शयन विश्राम श्रीरामराया।
क्षमा-करुणा प्रमुख तत्र परिचारिका, यत्र हरि तत्र नहिं भेद-माया॥
आरती-निरतसनकादि, श्रुति, शेष, शिव, देवरिषि, अखिल मुनि तत्व-दरसी।
करै सोइ तरै, परिहरै कामादि मल, वदति इति अमलमति-दास तुलसी॥

आरती की महिमा गाते हुए तुलसीदास कहते हैं कि हे मन! रघुनंदन भगवान् राम की प्रेमपूर्वक आरती कर। वे राग-द्वेष का नाश करनेवाले, दुःख का हरण करनेवाले तथा इंद्रियों को वश में कर आनंद प्रदान करने वाले हैं। जड़-चेतन सहित संपूर्ण सृष्टि उन्हीं श्रीहरि का रूप है। उनकी आरती का स्वर सुनकर पाप रूपी पक्षी उड़ जाते हैं तथा अज्ञान रूपी अंधकार को दूर कर हृदय में ज्ञान का प्रकाश फैलाती है। मोह, मद, क्रोध, लोभ आदि विकारों तथा कलियुग रूपी कमलों के नाश के लिए यह जाड़े की रात के समान है। तुलसीदास के अभिमान रूपी महिषासुर के वध के लिए यह अनेक कलाओं के समान है।

ऐसी कौन प्रभु की रीति?
बिरद हेतु पुनीत परिहरि पाँवरनि पर प्रीति॥
गई मारन पूतना कुच कालकूट लगाइ।
मातुकी गति दई ताहि कृपालु जादवराइ॥

काममोहित गोपिकनि पर कृपा अतुलित कीन्ह।
जगत-पिता बिरंचि जिन्हके चरन की रज लीन्ह॥
नेमतें सिसुपाल दिन प्रति देत गनि गनि गारि।
कियो लीन सु आपमें हरि राज-सभा मँझारि॥
ब्याध चित दै चरन मार्‌यो मूढ़मति मृग जानि।
सो सदेह स्वलोक पठयो प्रगट करि निज बानि॥
कौन तिन्हकी कहै जिन्हके सुकृत अरु अघ दोउ।
प्रगट पातक रूप तुलसी सरन राख्यो सोउ॥

भगवान् के अतिरिक्त किसकी ऐसी रीत है कि पवित्र जीवों को छोड़कर वह पापियों से प्रेम करे? राक्षसी पूतना स्तनों में विष लगाकर श्रीकृष्ण को मारने गई थी, लेकिन उन्होंने उसे भी माता के समान गति प्रदान की। आपने काम से पीड़ित गोपियों पर कृपा कर उनका उद्धार किया। जो शिशुपाल आपको प्रतिदिन गालियाँ देकर अपमानित करता था, उसे भी आपने मोक्ष प्रदान कर दिया। मूर्ख बहेलिए ने मृग के भ्रम में अपने बाण से आपके चरणों को बेध दिया, परंतु आपकी दयालुता पाकर वह भी गोलोक चला गया। जिन्होंने पाप-पुण्य दोनों ही किए, उन्हें तो फिर भी सद्‌गति पाने का अधिकार था, परंतु आपने पाप की मूर्ति तुलसीदास को अपनी शरण में लेकर उसका उद्धार कर दिया।

ऐसी तोहि न बूझिए हनुमान हठीले।
साहेब कहूँ न राम से, तोसे न उसीले॥
तेरे देक्खत सिंह के सिसु मेंढक लीले।
जानत हौं कलि तेरेऊ मन गुनगन कीले॥
हाँक सुनत दसकंध के भए बंधन ढीले।
सो बल गयो किधौं भये अब गरब गहीले॥
सेवक को परदा फटे तू समरथ सीले।
अधिक आपतुते आपुनो सुनि मान सही ले॥
साँसति तुलसीदास की सुनि सुजस तुही ले।
तिहूँकाल तिनको भलौ जे राम-रँगीले॥

हे भक्तों के कष्टों का निवारण करने वाले हनुमान! जिस प्रकार श्रीराम जैसा स्वामी नहीं है, उसी प्रकार तुम जैसा सेवक भी संसार में नहीं है; परंतु आज तुम्हारी शरण में होने के बाद भी कलियुग रूपी मेढक मुझे निगल रहा

है। लगता है कि कलियुग ने तुम्हारी भक्त-वत्सलता, उदारता तथा भक्तों की रक्षा के लिए हठकारिता को कील दिया है। तुम्हारी जिस हुंकार को सुनकर रावण के अंग-अंग के जोड़ भी ढीले पड़ जाते थे, तुम्हारा वह बल-पराक्रम कहाँ चला गया है? अथवा तुम दयालु होने के स्थान पर घमंडी हो गए हो? पहले तुम सेवक को स्वयं से अधिक महत्त्व देते थे, उनकी हर प्रकार से रक्षा करते थे; परंतु अब तुम्हें क्या हो गया है? इस तुलसीदास के संकट को दूर करके तुम सुयश ले लो। क्योंकि जो राम के भक्त हैं, उनका तीनों लोकों में कल्याण ही है।

ऐसे राम दीन हितकारी।
अतिकोमल करुनानिधान बिनु कारन पर-उपकारी॥
साधन-हीन दीन निज अघ-बस, सिला भई मुनि-नारी।
गृहतें गवनि परसि पद पावन घोर सापतें तारी॥
हिंसारत निषाद तामस बपु, पसु समान बनचारी।
भेंट्यो हृदय लगाइ प्रेमबस, नहिं कुल जाति बिचारी॥
जद्यपि द्रोह कियो सुरपति-सुत, कहि न जाय अति भारी।
सकल लोक बवलोकि सोहकत, सरन गए भय टारी॥
बिहँग जोनि आमिष अहार पर, गीध कौन ब्रतधारी।
जनक-समान क्रिया ताकी निज कर सब भाँति सँवारी॥
अधम जाति सबरी जोषित जड़, लोक-बेद तें न्यारी।
जानि प्रीति, दै दरस कृपानिधि, सोउ रघुनाथ उधारी॥
कपि सुग्रीव बंधु-भय-ब्याकुल आयो सरन पुकारी।
सहि न सके दारुन दुख जनके, हत्यो बालि, सहि गारी॥
रिपु को अनुज बिभीषन निशिचर, कौन भजन अधिकारी।
सरन गए आगे ह्वै लीन्हों भेंट्यो भुजा पसारी॥
असुभ होइ जिन्हके सुमिरे ते बानर रीछ बिकारी।
बेद-बिदित पावन किए ते सब, महिमा नाथ! तुम्हारी॥
कहँ लगि कहाँ दीन अगनित जिन्ह की तुम बिपति निवारी।
कलिमल-ग्रसित दास तुलसी पर, काहे कृपा बिसारी ? ॥

दीनों का उपकार करनेवाले भगवान् श्रीराम अति कोमल, करुणा के भंडार तथा बिना कारण दूसरों का भला करने वाले हैं। उनके स्पर्श मात्र से दीन-हीन शिला रूपी अहल्या पाप-रहित होकर पुनः चेतन हो गई। जो निषाद

तामसी शरीर धारण कर वन-वन भटकता था, उसे जाति और वंश का विचार किए बिना ही हृदय से लगा लिया। अभिमानी इंद्र-पुत्र जयंत ने काक रूप में सीताजी के चरण में चोंच मार दी। फिर भयभीत होकर वह तीनों लोकों में छिपता फिरा। अंततः आपकी शरण में आकर उसे अभय मिल गया। गिद्ध-योनि में जन्म लेनेवाले जटायु को आपने पिता-तुल्य समझा और अपने हाथों से उसकी अंत्येष्टि कर मुक्ति प्रदान की। शबरी को माता-तुल्य सम्मान देकर उसका उद्धार कर दिया। भाई द्वारा पीड़ित सुग्रीव जब आपकी शरण में आया तो आपने बालि का वध कर उसके दुःखों का अंत कर दिया। इसी प्रकार विभीषण को शरण में लेकर उसे स्वर्णमयी लंका दान में दे दी। हे नाथ! आपने पापियों और अधर्मियों को भी पवित्र बना दिया। ऐसे असंख्य दीन हैं, आपने जिनकी सभी विपत्तियाँ दूर कर दीं। लेकिन हे श्रीराम! आप इस तुलसीदास पर कृपा करना केसे भूल गए, जो कलियुग के पापों से जकड़ा हुआ है।

कबहुँ कृपा करि रघुबीर! मोहू चितैहो।
भलो-बुरो जन आपनो, जिय जानि दयानिधि! अवगुन अमित बितैहो॥
जनम-जनम हौं मन जित्यो, अब मोहि जितैहो।
हौं सनाथ ह्वैहौ सही, तुमहू अनाथपति, जो लघुतहि न भितैहो॥
बिनय करौं अपभयहु तें, तुम्ह परम हितै हो।
तुलसिदास कासों कहै, तुम ही सब मेरे, प्रभु-गुरु, मातु-पितै हो॥

तुलसीदास विनती करते हुए कहते हैं कि हे रघुवीर! मुझ दीन पर कब कृपा करोगे? हे दयानिधान! मैं भला-बुरा जैसा भी हूँ, परंतु आपका दास हूँ, इस बात को समझकर मेरे अवगुणों का नाश करो। प्रत्येक जन्म में मेरा मन मुझे जीतता आ रहा था—अर्थात् मैं प्रत्येक जन्म में विषय-वासनाओं में डूबा रहा। इस बार कृपा करके मुझे इससे जिता दो। मेरी नीचता पर ध्यान न देकर यदि मुझे अपना लेंगे तो मेरा जीवन सार्थक हो जाएगा। मैं स्वयं के डर के कारण आपसे विनती कर रहा हूँ। केवल आप ही मेरे परम हितैषी हैं। यह तुलसीदास अपना दुःख किससे दूर करने को कहे; क्योंकि मेरे माता-पिता, स्वामी, गुरु—सबकुछ आप ही हैं।

कलि नाम कामतरु राम को।
दलनिहार दारिद दुकाल दुख, दोष घोर घन घाम को॥

नाम लेत दाहिनो होत मन, बाम बिधाता बाम को।
कहत मुनीस महेस महातम, उलटे सूधे नाम को॥
भलो लोक-परलोक तासु जाके बल ललित-ललाम को।
तुलसी जग जानियत नामते सोच न कूच मुकाम को॥

कलियुग में केवल राम-नाम ही कल्पवृक्ष हैं, जो दरिद्रता, दुर्भिक्ष, दुःख, दोष, अज्ञान तथा विषय-वासनाओं का नाश करने वाला है। राम-नाम का जाप करते ही विधाता का प्रतिकूल मन भी अनुकूल हो जाता है—अर्थात् वे प्राणियों के सभी पाप क्षमा कर उन्हें सुख प्रदान कर देते हैं। मुनि वाल्मीकि ने उलटे नाम अर्थात् 'मरा-मरा' का जाप किया और व्याध से ब्रह्मर्षि हो गए। जबकि राम-नाम की महिमा गाते हुए भगवान् शिव हलाहल विष पीकर भगवत्स्वरूप माने गए, जिसके पास राम-नाम का बल है, उसके लोक-परलोक सुखमय हो जाते हैं। हे तुलसी! राम-नाम का बल होने पर न तो मनुष्य मोह-माया के बंधनों में जकड़ता है और न ही उसके हृदय में विकारों का प्रभाव रहता है। अर्थात् वह जीवन-मृत्यु के आवागमन से मुक्त होकर परब्रह्म शक्ति में लीन हो जाता है।

कहाँ जाउँ, कासों कहौं, और ठौर न मेरे।
जनम गँवायो तेरे ही द्वार किंकर तेरे॥
मैं तो बिगारी नाथ सों आरति के लीन्हें।
तोहि कृपानिधि क्यों बनै मेरी-सी कीन्हें॥
दिन-दुरदिन दिन-दुरदसा, दिन-दुख दिन-दूषन।
जब लौं तू न बिलोकिहै रघुबंस-बिभूषन॥
दई पीठ बिनु डीठ मैं तुम बिस्व-बिलोचन।
तो सों तुही न दूसरो नत-सोच बिमोचन॥
पराधीन देव दीन हौं, स्वाधीन गुसाईं।
बोलनिहारे सों करै बलि बिनय की झाईं॥
आपु देखि मोहि देखिए जन मानिय साँचो।
बड़ी ओट रामनाम की जोहि लई सो बाँचो॥
रहनि रीति राम रावरी नित हिय हुलसी है।
ज्यों भावै त्यों करु कृपा तेरो तुलसी है॥

कहाँ जाऊँ? किससे कहूँ? आपके अतिरिक्त मेरा कोई और ठिकाना नहीं है। इस सेवक ने आपके द्वार पर ही सारी जिंदगी काट दी है। हे नाथ! दुःखों

से भयभीत होने के कारण मैंने अपनी करनी बिगाड़ दी है। परंतु यदि तुम मेरी करनी देखकर फल दोगे तो मेरा उद्धार केसे होगा? हे रघुकुल श्रेष्ठ! जबतक तुम मुझपर कृपादृष्टि नहीं करोगे, तब तक प्रतिदिन बुरे दिन, प्रतिदिन बुरी दशा, प्रतिदिन ही दुःख और प्रतिदिन ही दोष लगे रहेंगे। मैंने तेरी ओर से पीठ कर ली है—अर्थात् तुझसे विमुख हो रहा हूँ तो मैं अज्ञानी हूँ। हे नाथ! तुम्हारे अतिरिक्त दुःखों का हरण करनेवाला दूसरा कोई नहीं है। अतः तुम मेरी ओर देखो,मुझपर कृपा करो। तुम्हारे शील-स्वभाव को सोचकर मन-ही-मन मैं बहुत प्रसन्न हो रहा हूँ। हे श्रीराम! यह तुलसी आपका है; जैसे भी हो उस पर कृपा करो।

कहाँ जाउँ, कासों कहौं, कौन सुनै दीन की।
त्रिभुवन तुही गति सब अंगहीन की॥
जग जगदीस घर घरनि घनेरे हैं।
निराधार के अधार गुनगन तेरे हैं॥
गजराज-काज खगराज तजि धायो को।
मोसे दोस-कोस पोसे तोसे माय जायो को॥
मोसे कूर कायर कुपूत कौड़ी आधके।
कि ए बहुमोल तैं करैया गीध-श्राधके॥
तुलसी की तेरे ही बनाए, बलि बनैगी।
प्रभु की बिलंब-अंब दोष-दुख जनैगी॥

कहाँ जाऊँ? किससे कहूँ? कौन इस दीन की सुनेगा? हे नाथ! मुझ जैसे साधनहीन की गति करनेवाला तीनों लोकों में आपके अतिरिक्त कोई नहीं है। वैसे तो संसार में स्वयं को भगवान् कहनेवाले अनेक हैं, लेकिन केवल आपके गुणों का गान करके ही प्राणी संसार रूपी भवसागर को पार करता है। गज द्वारा पुकारे जाने पर उसकी सहायता के लिए आप ही दौड़े आए थे। मुझ जैसे पापों के भंडार का पालन-पोषण करनेवाले भी आप ही हैं। हे जटायु का श्राद्ध करने वाले! आपने उसका भी उद्धार कर दिया। हे प्रभु! तुलसी की बिगड़ी हुई बात आप ही बनाएँगे। यदि आपने मेरा उद्धार करने में देर की तो वह देर रूपी माता दुःख और दोष से युक्त संतान ही जनेगी। अर्थात् यदि आप मेरा शीघ्र उद्धार नहीं करेंगे तो मैं पाप और दुःख से पुनः घिर जाऊँगा।

काहे को फिरत मन, करत बहु जतन,
मिटै न दुख बिमुख रघुकुल-बीर।
कीजै जो कोटि उपाइ, त्रिबिध ताप न जाइ,
कह्यो जो भुज उठाय मुनिबर कीर॥
सहज टेव बिसारि तुही धौं देखु बिचारि,
मिलै न मथत बारि घृत बिनु छीर।
समुझि तजहि भ्रम, भजहि पद-जुगम,
सेवत सुगम, गुन गहन गँभीर॥
आगम निगम ग्रंथ, रिषि-मुनि, सुर-संत,
सब ही को एक मत सुनु, मतिधीर।
तुलसिदास प्रभु बिनु पियास मरै पसु,
जद्यपि है निकट सुरसरि-तीर॥

हे मन! तू किसलिए इतने प्रयत्न कर रहा है? जब तक तू भगवान् राम से विमुख है तब तक तू चाहे कितने भी प्रयत्न कर ले, तेरे दुःख कदापि नष्ट नहीं होंगे। भगवान् से विमुख रहनेवाला चाहे कितने भी प्रयत्न करे, उसके दैहिक, दैविक और भौतिक ताप नष्ट नहीं हो सकते। जो प्राणी सच्चे हृदय से भगवान् राम के चरण-कमलों का भजन-मनन-चिंतन करता है, उसे विवेक, वैराग्य, शांति, सुख आदि अनायास ही प्राप्त हो जाते हैं। इसलिए हे मन! तू सबकुछ त्यागकर भगवान् राम का शरणागत हो जा। इसी में तेरा परम कल्याण है। हे तुलसीदास! जिस प्रकार गंगा के तट पर स्वामी के न होने से पशु प्यास से मर जाता है, उसी प्रकार भगवान् की प्राप्ति सहज है; परंतु विषय-वासनाओं में डूबे प्राणी के लिए वह दुर्लभ हो जाती है।

काहे को फिरत मूढ़ मन धायो।
तजि हरि-चरन-सरोज सुधारस, रबिकर-जल लय लायो॥
त्रिजग देव नर असुर अपर जग जोनि सकल भ्रमि आयो
गृह, बनिता, सुत, बंधु भये बहु, मातु-पिता जिन्ह जायो॥
जाते निरय-निकाय निरंतर, सोइ इन्ह तोहि सिखायो।
तुव हित होइ, कटै भव-बंधन, सो मगु तोहि न बतायो॥
अजहुँ बिषय कहँ जतन करत, जद्यपि बहुबिधि डहँकायो।
पावक-काम भोग-घृत तें सठ, कैसे परत बुझायो॥
बिषयहीन दुख, मिले बिपति अति, सुख सपनेहुँ नहिं पायो।

उभय प्रकार प्रेत-पावक ज्यों धन दुखप्रद श्रुति गायो॥
छिन-छिन छीन होत जीवन, दुरलभ तनु बृथा गँवायो।
तुलसिदास हरि भजहि आस तजि, काल-उरग जग खायो॥

हे मूर्ख मन! श्रीहरि के चरण-कमलों का रस छोड़कर विषय रूपी मृगतृष्णा के जल से क्यों प्रेम लगा रहा है? पशु, पक्षी, दैत्य, मनुष्य—सभी योनियों में भटकने के बाद भी विषय-भोगों के प्रति तुम्हारी आसक्ति कम नहीं हुई है। तू बार-बार इन्हीं की प्राप्ति के लिए प्रयत्न कर रहा है, जबकि माया के सभी बंधन जीवन-मृत्यु के चक्र में उलझाने वाले हैं। विषय रूपी जिस धन को वेदों ने दुःख का कारण कहा है, हे मनुष्य! तू उसी को प्राप्त करने के लिए अपना जीवन नष्ट कर रहा है। हे तुलसीदास! काल रूपी नाग पल-प्रतिपल इस देह को खा रहा है। इसलिए तुम सांसारिक सुखों को त्यागकर भगवान् का ध्यान करो।

काहे न रसना, रामहि गावहि ?
निसिदिन पर-अपवाद बृथा कत रटि-रटि राग बढ़ावहि॥
नरमुख सुंदर मंदिर पावन बसि जनि ताहि लजावहि।
ससि समीप रहि त्यागि सुधा कत रबिकर-जल कहँ धावहि॥
काम-कथा कलि-कैरव-चंदिनि, सुनत श्रवन दै भावहि।
तिनहिं हटकि कहि हरि-कल-कीरति, करन कलंक नसावहि॥
जातरूप मति, जुगुति रुचिर मनि रचि-रचि हार बनावहि।
सरन-सुखद रबिकुल-सरोज-रबि राम-नृपहि पहिरावहि॥
बाद-बिबाद, स्वाद तजि भजि हरि, सरस चरित चित लावहि।
तुलसिदास भव तरहि, तिहूँ पुर तू पुनीत जस पावहि॥

अरी जीभ! दिन-रात परनिंदा में डूबकर तू क्यों व्यर्थ में आसक्ति बढ़ा रही है? इन सबको त्यागकर तू श्रीराम का गुणगान क्यों नहीं करती? मनुष्य के मुख रूपी मंदिर में निवास करते हुए क्यों उसे लज्जित कर रही है? चंद्रमा के पास रहते हुए भी अमृत को छोड़कर क्यों मृगतृष्णा के पीछे दौड़ रही है? अरी जीभ! विषय-चर्चा को छोड़कर भगवान् श्रीहरि के गुणों का गान कर, जिससे विषयी बातों को सुनकर कलंकित हुए कानों का कलंक दूर हो। विशुद्ध बुद्धि और उत्तम युक्तियों द्वारा भगवान् राम के नाम का कीर्तन कर। वाद, विवाद तथा स्वाद का त्याग करके उनकी लौ में लगन लगा। यदि तू ऐसा करेगी तो

तुलसीदास संसाररूपी भवसागर से पार हो जाएगा और तू भी तीनों लोकों में कीर्ति प्राप्त करेगी।

कृपासिंधु! जन दीन दुवारे दादि न पावत काहे।
जब जहँ तुमहिं पुकारत आरत, तहँ तिन्हके दुख दाहे॥
गज, प्रहलाद, पांडुसुत, कपि सबको रिपु-संकट मेट्यो।
प्रनत, बंधु-भय-बिकल, बिभीषन, उठि सो भरत ज्यों भेंट्यो।
मैं तुम्हारो लेइ नाम ग्राम इक उर आपने बसावों।
भजन, बिबेक, बिराग, लोग भले, मैं क्रम-क्रम करि ल्यावों॥
सुनि रिस भले कुटिल कामादिक, करहिं जोर बरिआईं।
तिन्हहिं उजारि नारि-अरि-धन पुर राखहिं राम गुसाईं॥
सम-सेवा-छल-दान-दंड हौं, रचि उपाय पचि हार्‍यो।
बिनु कारनको कलह बड़ो दुख, प्रभुसों प्रगटि पुकार्‍यो॥
सुर स्वारथी, अनीस, अलायक, निठुर, दया चित नाहीं।
जाउँ कहाँ, को बिपति-निवारक, भवतारक जग माहीं॥
तुलसी जदपि पोच, तउ तुम्हरो, और न काहू केरो।
दीजै भगति-बाँह बारक, ज्यों सुबस बसै अब खेरो॥

हे कृपासागर! तुम्हारे द्वार पर पहुँचकर भी इस दीन को सहायता क्यों नहीं मिलती? जबकि दुखियों ने तुम्हें जब भी और जहाँ भी पुकारा, तुमने उसी क्षण वहाँ पहुँचकर उनके दुःखों का नाश किया। गजराज, प्रह्लाद, पांडव, सुग्रीव आदि सभी के शत्रुओं का संहार करके तुमने उनके दुःखों को दूर कर दिया। हे प्रभु! भजन, विवेक और वैराग्य द्वारा मैं अपने हृदय में आपको बसाना चाहता हूँ। परंतु काम, क्रोध, मद, लोभ, मोह आदि विकार बलपूर्वक मुझे विषय-वासनाओं की ओर धकेलते हैं। साम, दाम, दंड, भेद—हर तरह के उपाय करके मैं थक गया हूँ, परंतु इनसे पार पाना मेरे लिए अत्यंत कठिन है। इसलिए मैं आपसे निवेदन कर रहा हूँ। मेरे दुःखों को सुननेवाला तुम्हारे अतिरिक्त और कौन है? मेरी विपत्ति का हरण केवल आप ही कर सकते हैं। यद्यपि तुलसी नीच और पापी है, परंतु फिर भी आपका दास है। आप मुझे भक्तिरूपी अस्त्र प्रदान करो, जिससे मेरे हृदय के विकारों का नाश हो जाए तथा वहाँ ज्ञान एवं वैराग्य का प्रसार हो।

कौन जतन बिनती करिये।
निज आचरन बिचारि हारि हिय मानि जानि डरिये॥

जेहि साधन हरि! द्रवहु जानि जन सो हठि परिहरिये।
जाते बिपति-जाल निसिदिन दुख, तेहि पथ अनुसरिये॥
जानत हूँ मन बचन करम पर-हित कीन्हें तरिये।
सो बिपरीत देखि पर-सुख, बिनु कारन ही जरिये॥
श्रुति पुरान सबको मत यह सतसंग सुदृढ़ धरिये।
निज अभिमान मोह इरिषा बस तिनहिं न आदरिये॥
संतत सोइ प्रिय मोहिं सदा जातें भवनिधि परिये।
कहौ अब नाथ, कौन बल तें संसार-सोग हरिये॥
जब कब निज करुना-सुभाव तें, द्रवहु तौ निस्तरिये।
तुलसिदास बिस्वास आन नहिं, कत पचि-पचि मरिये॥

हे नाथ! किस प्रकार मैं आपसे विनती करूँ? जब अपने आचरणों को सोचता और समझता हूँ, तब हृदय में हार मानकर डर जाता हूँ। हे हरि! जिस साधन द्वारा आप मनुष्य पर कृपा करते हैं, उसका मैं हठपूर्वक त्याग कर रहा हूँ। मैं उस कुमार्ग पर चल पड़ा हूँ, जहाँ विपत्ति के जाल में फँसकर दिन-रात दुःख ही मिलता है। मन, वचन और कर्म से दूसरों की भलाई करने से मैं संसार रूपी भवसागर से तर जाऊँगा—यह जानते हुए भी मैं विपरीत आचरण करता हूँ। वेद-पुराणों के अनुसार दृढ़तापूर्वक सत्संग का आश्रय लेना चाहिए। परंतु मैं अभिमान, अज्ञान और ईर्ष्या के वशीभूत होकर सत्संग का अपमान करता हूँ। हे नाथ! आप ही बताएँ, अब मैं किस प्रकार अपने दुःख दूर करने की प्रार्थना करूँ? जब आप दयालु स्वभाव के कारण मुझ पर दया करेंगे, तभी मेरा उद्धार संभव होगा। तुलसीदास को आपके अतिरिक्त किसी पर विश्वास नहीं है; फिर वह किसलिए अन्य साधनों में उलझकर मरे?

कौशलाधीश, जगदीश, जगदेकहित, अमित गुण, विपुल विस्तार लीला।
गायंति तव चरित सुपवित्र श्रुति-शेष-शुक-शंभु-सनकादि मुनि मननशीला॥
वारिचर-वपुष धरि भक्त-निस्तार पर, धरणिकृत नाव महिमातिगुर्वी।
सकल यज्ञांशमय उग्र विग्रह क्रोड, मर्दि दनुजेश उद्धरण उर्वी॥
कमठ अति विकट तनु कठिन पृष्ठोपरी, भ्रमत मंदर कंडु-सुख मुरारी।
प्रकटकृत अमृत, गो, इंदिरा, इंदु, वृंदारकावृंद-आनंदकारी॥
मनुज-मुनि-सिद्ध-सुर-नाग-त्रासक, दुष्ट दनुज द्विज-धर्म मरजाद-हर्त्ता।
अतुल मृगराज-वपुधरित, विद्दरित अरि, भक्त प्रहलाद-अहलाद-कर्त्ता॥
छलन बलि कपट-वटुरूप वामन ब्रह्म, भुवन पर्यंत पद तीन करणं।

चरण-नख-नीर-त्रैलोक-पावन परम, विबुध-जननी-दुसह-शोक-हरणं॥
क्षत्रियाधीश-करिनिकर-नव-के सरी, परशुधर विप्र-सस-जलदरूपं।
बीस भुजदंड दससीस खंडन चंड वेब सायक नौमि राम भूपं॥
भूमिभर-भार-हर, प्रकट परमातमा, ब्रह्म नररूपधर भक्तहेतू।
वृष्णि-कुल-कुमुद-राकेश राधारमण, कंस-बंसाटवी-धूमकेतू॥
प्रबल पाखंड महि-मंडलाकुल देखि, निंद्यकृत अखिल मख कर्म-जालं।
शुद्ध बोधैकघन, ज्ञान-गुणधाम, अज बौद्ध-अवतार वंदे कृपालं॥
कालकलिजनित-मल-मलिनमन सर्वनर मोह-निशि-निबिड़यवनांधकारं।
विष्णुयश पुत्र कलकी दिवाकर उदित दासतुलसी हरण विपतिभारं॥

हे कौशलपति! हे जगदीश्वर! संसार के केवल आप ही हितकारी हैं। आपने अपने गुणों की लीला फैलाई है। चारों वेद, शेषजी, शुकदेव, शिव और सनकादि आदि मुनिजन भी आपके पवित्र चरित्र का गान करते हैं। आप समस्त यज्ञों के अंशों से पूर्ण हैं। आपने भयंकर दैत्य हिरण्याक्ष का वध कर पृथ्वी का उद्धार किया, समुद्र-मंथन के समय विशालकाय कछुए का रूप धारण कर मंदराचल को अपनी पीठ पर स्थिर किया। आपकी कृपा के कारण ही समुद्र-मंथन के उपरांत देवताओं को अमृत प्राप्त हुआ। ब्राह्मणों के परम शत्रु हिरण्यकशिपु का वध करके आपने भक्त प्रह्लाद की रक्षा की। वामन रूप धारण करके आपने दैत्यराज बलि से तीन पग भूमि दान में माँगी। तदनंतर तीन पगों में संपूर्ण ब्रह्मांड को नापकर बलि को पाताल भेज दिया। सहस्रबाहु जैसे परम शक्तिशाली और अभिमानी राजा के संहार के लिए आप परशुराम के रूप में अवतरित हुए। रामावतार में दस सिर और बीस भुजाओंवाले रावण का वध करके पृथ्वी को अभय प्रदान किया। हे नाथ! आपने ही श्रीकृष्ण के रूप में अवतरित होकर कंसादि पापियों के अत्याचारों से भक्तों की रक्षा की। ऐसे ही सर्वगुण-संपन्न, अजन्मे, कृपालु भगवान् की मैं वंदना करता हूँ। कलियुग में मोह रूपी अंधकार के नाश के लिए सूर्योदय की भाँति विष्णुयश नामक ब्राह्मण के घर आप पुत्र-रूप में जन्म लेकर कल्कि अवतार धारण करेंगे। हे नाथ! आप इस तुलसीदास की विपत्तियों का हरण करें।

जमुना ज्यों-ज्यों लागी बाढ़न।
त्यों-त्यों सुकृत-सुभट कलि भूपहिं, निदरि लगे बहु काढ़न॥
ज्यों-ज्यों जल मलीन त्यों-त्यों जमगन मुख मलीन लहै आढ़न।
तुलसिदास जगदघ जवास ज्यों अनघ मेघ लगे डाढ़न॥

जैसे–जैसे यमुनाजी बढ़ने लगीं वैसे–वैसे पुण्य रूपी योद्धागण कलियुग रूपी राजा का निरादर करते हुए उसे निकालने लगे। बरसात में जैसे–जैसे यमुनाजी का जल काला पड़ने लगा, वैसे–वैसे यमदूतों का मुख भी काला होता गया। अंत में वे सोच में पड़ गए कि किसे यमलोक लेकर जाएँ? तुलसीदास कहते हैं कि पुण्य रूपी मेघ ने संसार के पाप रूपी जवासे को जलाकर भस्म कर दिया है।

जयति जय सुरसरी जगदखिल–पावनी।
विष्णु–पदकंज–मकरंद इव अंबुवर वहसि, दुख दहसि, अघवृंद–विद्राविनी॥
मिलित जलपात्र–अज युक्त–हरिचरण रजविरज–वर–वारि त्रिपुरारि शिर–धामिनी।
जह्नु–कन्या धन्य, पुण्यकृत सगर–सुत, भूधरद्रोणि–विद्दरणि, बहुनामिनी॥
यक्ष, गंधर्व, मुनि किन्नरोरग, दनुज, मनुज मज्जाहिं सुकृत–पुंज युत–कामिनी।
स्वर्ग–सोपान, विज्ञान–ज्ञानप्रदे, मोह–मद–मदन–पाथोज–हिमयामिनी॥
हरित गंभीर वानीर दुहुँ तीरवर, मध्य धारा विशद, विश्व अभिरामिनी।
नील–पर्यंक–कृत–शयन सर्पेश जनु, सहस सीसावली स्त्रोत सुर–स्वामिनी॥
अमित–महिमा, अमितरूप, भूपावली–मुकुट–मनिवंद्य त्रैलोक पथगामिनी।
देहि रघुबीर–पद–प्रीत निर्भर मातु, दास तुलसी त्रास हरणि भवभामिनी॥

गंगाजी! तुम्हारी जय हो। तुम अपने जल से संपूर्ण जगत् को पवित्र करनेवाली हो। श्रीविष्णु के चरण–कमलों से मकरंद रस के समान सुंदर जल धारण करनेवाली हो। तुम ही प्राणियों के दुःख एवं पापों का नाश करनेवाली हो। ब्रह्माजी के कमंडलु में भी तुम्हारा जल भरा रहता है। भगवान् शिव ने तुम्हें अपने मस्तक पर धारण किया है। तुमने ही इक्ष्वाकु वंश के राजा सगर के साठ हजार पुत्रों का उद्धार किया। तुम्हारे अनेक नाम हैं। देवता, मनुष्य, यक्ष, मुनि, गंधर्व, नाग, दैत्य—जो भी तुम्हारे जल में स्नान करते हैं, वे पापों से मुक्त होकर पुण्य के भागी हो जाते हैं। हे देवताओं की स्वामिनी! तुम्हारे अनेक झरने शेषनाग के फनों की भाँति सुशोभित हैं। तुम्हारी महिमा अपरंपार है। हे तीनों मार्गों से जानेवाली! हे शिवप्रिये! मुझ तुलसीदास को श्रीरघुनाथ के चरणों में अनन्य प्रेम दो।

शत्रुघ्न–स्तुति

जयति जय शत्रु–करि–केसरी शत्रुहन,
शत्रुतम–तुनिनहर किरणकेतू।

देव-महिदेव-महि-धेनु-सेवक सुजन-
सिद्ध-मुनि-सकल-कल्याण-हेतू॥
जयति सर्वांगसुंदर सुमित्रा-सुवन,
भुवन-विख्यात-भरतानुगामी।
वर्मचर्मासि-धनु-बाण-तूणीर-धर
शत्रु-संकट-समय यत्प्रणामी॥
जयति लवणाम्बुनिधि-कुंभसंभव महा-
दनुज-दुर्जनदवन, दुरितहारी।
लक्ष्मणानुज, भरत-राम-सीता-चरण-
रणु-भूषित-भाल-तिलकधारी॥
जयति-श्रुतिकीर्ति-वल्लभ सुदुर्लभ सुलभ
नमत नर्मद भुक्तिमुक्तिदाता।
दास तुलसी चरण-शरण सीदत विभो,
पाहि दीनार्त्त-संताप-हाता॥

शत्रु रूपी हाथियों के नाश करनेवाले सिंहरूपी शत्रुघ्न की जय हो। जो शत्रु रूपी अंधकार को हरने के लिए साक्षात् सूर्य-समान हैं; जो देवता, ब्राह्मण, पृथ्वी और गो के सेवक तथा ऋषि-मुनियों का कल्याण करनेवाले हैं; जिनके सभी अंग अत्यंत सुंदर हैं; जो माता सुमित्रा के पुत्र और भरतजी की आज्ञा के अनुसार कार्य करनेवाले हैं; जो कवच, ढाल, तलवार, धनुष, बाण और तरकस धारण किए हुए हैं और जो शत्रुओं द्वारा दिए गए संकटों का नाश करनेवाले हैं, उन परम वीर शत्रुघ्न को मैं कोटि-कोटि प्रणाम करता हूँ। वे लक्ष्मण के छोटे भाई हैं तथा श्रीराम, सीता एवं भरत की चरणधूलि मस्तक पर धारण करते हैं। ये श्रुतकीर्ति के पति हैं तथा दुष्टों को दुर्लभ एवं सेवकों को सुलभ हैं। हे प्रभु! तुम्हारे चरणों में आकर भी तुलसीदास कष्ट भोग रहा है। हे दीनों के संताप हरनेवाले! मेरी भी रक्षा करो।

जाउँ कहाँ ठौर है कहाँ देव! दुखित-दीन को?
को कृपालु स्वामी-सारिखो, राखै सरनागत सब अँग बल-बिहीन को॥
गनिहि, गुनिहि साहिब लहै, सेवा समीचीन को।
अधम/अधन अगुन आलसिन को पालिबो फबि आयो रघुनायक नवीन को॥
मुखकै कहा कहौं, बिदित है जीकी प्रभु प्रबीन को।

तिहू काल, तिहु लोक में एक टेक रावरी तलसी से मन मलीन को।
तिहू काल, तिहु लोक में एक टेक रावरी तुलसी से मन मलीन को।॥

हे देव! तुम्हारी शरण छोड़कर मैं कहाँ जाऊँ? तुम्हारे बिना मुझ दुःखी-दीन का कहाँ ठिकाना है? आपके समान कृपालु स्वामी और कौन है, जो सब प्रकार के साधनों में बल-विहीन शरणागत को आश्रय दे? जो दूसरे स्वामी हैं, वे केवल धनी, गुणी और भली-भाँति सेवा करनेवाले सेवकों को ही स्वीकार करते हैं; परंतु मुझ जैसे नीच, निर्धन और अवगुणों से युक्त मनुष्यों के केवल आप ही हैं। हे प्रभु! आप सबकुछ जानते हैं। तुलसी जैसे मलिन मनवाले के लिए तीनों लोकों और तीनों कालों में केवल आप ही एकमात्र सहारा हैं।

जाउँ कहाँ तजि चरन तुम्हारे।
काको नाम पतित-पावन जग, केहि अति दीन पियारे॥
कौने देव बराइ बिरद-हित, हठि-हठि अधम उधारे।
खग, मृग, ब्याध, पषान, बिटप जड़, जवन कवन सुर तारे॥
देव, दनुज, मुनि, नाग, मनुज सब, माया-बिबस बिचारे।
तिनके हाथ दास तुलसी प्रभु, कहा अपनपौ हारे॥

हे नाथ! आपके चरणों को त्यागकर मैं कहाँ जाऊँ? संसार में आप ही 'पतित-पावन' नाम से प्रसिद्ध हैं। आपके समान दीन-दुखियारे भला किसे प्यारे हैं? आज तक किस देवता ने हठपूर्वक चुन-चुनकर पापियों का उद्धार किया है? पक्षी (जटायु), पशु (वानर-रीछ), व्याध (वाल्मीकि), पत्थर (अहल्या), जड़ वृक्ष (यमलार्जुन) और यवनों का उद्धार करनेवाला आपके अतिरिक्त कौन है? देवता, दैत्य, मुनि, नाग, मनुष्य आदि सभी आपकी माया के अधीन हैं। इसलिए हे प्रभु! तुलसी स्वयं को उनके हाथों में सौंपकर क्या करे?

जागु, जागु जीव जड़! जोहै जग-जामिनी।
देह-गेह-नेह जानि जैसे घन-दामिनी॥
सोवत सपनेहूँ सहै संसृति-संताप रे।
बूडयो मृग-बारि खायो जेवरी को साँप रे॥
कहैं बेद-बुध, तू तो बूझि मनमाहिं रे।
दोष-दुख सपने के जागे ही पै जाहिं रे॥

तुलसी जागेते जाय ताप तिहूँ ताय रे।
राम-नाम सुचि रुचि सहज सुभाय रे॥

हे मूर्ख जीव! जाग और इस संसार रूपी रात्रि को देख। शरीर और घर के प्रति प्रेम को उसी प्रकार क्षणभंगुर समझ, जिस प्रकार बादलों में बिजली चमककर छिप जाती है। तू सोते समय सपने में भी संसार के कष्ट भोग रहा है। वेद-पुराण बारंबार कह रहे हैं कि स्वप्न के सभी दुःख और दोष जागने पर नष्ट हो जाते हैं, तू यह बात भली-भाँति समझ ले। हे तुलसी! अज्ञान रूपी निद्रा से जागने के बाद संसार के तीनों ताप नष्ट हो जाते हैं। तदनंतर राम-नाम द्वारा स्वाभाविक प्रीति उत्पन्न होती है।

जानकीनाथ, रघुनाथ, रागादि-तम-तरणि, तारुण्यतनु तेजधामं।
सच्चिदानंद, आनंदकंदाकरं, विश्व-विश्राम, रामाभिरामं॥
नीलनव-वारिधर-सुभग-शुभकांति, कटि पीत कौशेय वर वसनधारी।
रत्न-हाटक-जटित-मुकुट-मंडित-मौलि, भानु-शत-सदृश उद्योतकारी॥
श्रवण कुंडल, भाल तिलक, भ्रूरुचिर अति, अरुण अंभोज लोचन विशालं।
वक्र-अवलोक, त्रैलोक-शोकापहुं, मार-रिपु-हृदय-मानस-मरालं॥
नासिका चारु सुकपोल, द्विज वज्रदुति, अधर बिंबोपमा, मधुरहासं।
कंठ दर, चिबुक वर, वचन गंभीरतर, सत्य-संकल्प, सुरत्रास-नासं॥
सुमन सुविचित्र नव तुलसिकादल-युतं मृदुल वनमाल उर भ्राजमानं।
भ्रमत आमोदवश मत्त मधुकर-निकर, मधुरतर मुखर कुर्वन्ति गानं॥
सुभग श्रीवत्स, केयूर, कंकण, हार, किंकिणी-रटनि कटि-तट रसालं।
वाम दिसि जनकजासीन-सिंहासनं कनक-मृदुवल्लिवत तरु तमालं॥
आजानु भुजदंड कोदंड-मंडित वाम बाहु, दक्षिण पाणि बाणमेकं।
अखिल मुनि-निकर, सुर, सिद्ध, गंधर्व वर नमत नर नाग अवनिप अनेकं।।
अनघ, अविछिन्न, सर्वज्ञ, सर्वेश, खलु सर्वतोभद्र-दाताऽसमाकं।
प्रणतजन-खेद-विच्छेद-विद्या-निपुण नौमि श्रीराम सौमित्रिसांक॥
युगल पदपद्म सुखसद्म पद्मालयं, चिह्न कुलिशादि शोभाति भारी।
हनुमंत-हृदि विमल कृत परममंदिर, सदा दास तुलसी-शरण शोकहारी॥

जानकीनाथ श्रीरघुनाथ राग-द्वेष रूपी अंधकार का नाश करने के लिए सूर्य रूप, तरुण शरीरवाले, तेज-धाम, सच्चिदानंद, आनंद के भंडार, संसार को शांति देने वाले तथा परम सुंदर हैं। जिनकी नवीन नील सजल मेघ के समान

सुंदर और शुभ कांति है, जो कटि-तट में सुंदर रेशमी पीतांबर धारण किए हैं, जिनके मस्तक पर सैकड़ों सूर्यों के समान आलोकित रत्नजड़ित स्वर्ण-मुकुट सुशोभित है; जो कानों में कुंडल पहने, मस्तक पर तिलक लगाए, अत्यंत सुंदर भृकुटि तथा लाल कमल के समान बड़े-बड़े नेत्रोंवाले हैं; जिनकी नासिका बड़ी सुंदर, कपोल मनोहर तथा दाँत हीरों जैसे चमकदार हैं; जिनके हृदय पर सुंदर श्रीवत्स का चिह्न है; बाजुओं में बाजूबंद, हाथों में कंकण और गले में मनोहर हार सुशोभित हो रहा है; जिनके वाम भाग में श्रीजानकीजी विराजमान हैं; जिनके बाएँ हाथ में धनुष-बाण सुशोभित हैं; संपूर्ण मुनिमंडल, देवता, सिद्ध, मनुष्य, नाग और श्रेष्ठ गंधर्व भी जिन्हें प्रणाम करते हैं; जो पापरहित, अखंड, सर्वज्ञ, सबके स्वामी और जगत् का कल्याण करनेवाले हैं, उन भगवान् श्रीराम को मैं बार-बार प्रणाम करता हूँ। श्रीलक्ष्मी जिनके चरणों की सेवा करती हैं, हनुमानजी ने जिनके चरणों को अपने मन-मंदिर में बसा रखा है, तुलसी उन्हीं भगवान् राम के चरणों की शरण में है।

जाँचिये गिरिजापति कासी। जासु भवन अनिमादिक दासी॥
औढर-दानि द्रवत पुनि थोरें। सकत न देखि दीन कर जोरें॥
सुख-संपति, मति-सुगति सुहाई। सकल सुलभ संकर-सेवकाई॥
गये सरन आरतिकै लीन्हे। निरखि निहाल निमिषमहँ कीन्हे॥
तुलसिदास जाचक जस गावै। बिमल भगति रघुपति की पावै॥

पार्वतीजी और शिवजी से प्रार्थना करनी चाहिए, जिनका घर काशी है; अणिमा, गरिमा, महिमा, लघिमा, प्राप्ति, प्राकाम्य, ईशित्व और वशित्व नामक आठों सिद्धियाँ जिनकी दासी हैं। शिवजी अत्यंत भोले और भक्त-वत्सल हैं। वे थोड़ी-सी सेवा से ही पिघल जाते हैं। वे दीनों द्वारा हाथ जोड़ते ही उनकी सभी मनोकामनाएँ पूर्ण कर देते हैं। उनकी सेवा से सुख, संपत्ति, सुबुद्धि और मोक्ष—सभी पदार्थ सहज ही सुलभ हो जाते हैं। जो जीव उनकी शरण में गए, शिवजी ने उन्हें अपनाकर उनकी समस्त मनोकामनाएँ पूर्ण कर दीं। भिक्षुक तुलसीदास भी उनका यश गाता है, जिससे उसे भी राम-भक्ति की निर्मल भीख मिले।

जो पै चेराई राम की करतो न लजातो।
तौ तू दाम कुदाम ज्यों कर-कर न बिकातो॥
जपत जीह रघुनाथ को नाम नहिं अलसातो।
बाजीगर के सूम ज्यों खल खेह न खातो॥

जौ तू मन! मेरे कहे राम-नाम कमातो।
सीतापति सनमुख सुखी सब ठाँव समातो॥
राम सोहाते तोहिं जौ तू सबहिं सोहातो।
काल करम कुल कारनी कोऊ न कोहातो॥
राम-नाम अनुरागही जिय जो रतिआतो।
स्वारथ-परमारथ-पथी तोहिं सब पतिआतो॥
सेइ साधु सुनि समुझि कै पर-पीर पिरातो।
जनम कोटि को काँदलो दृहद-हृदय थिरातो॥
भव-मग अगम अनंत है, बिनु श्रमहि सिरातो।
महिमा उलटे नाम की मुनि कियो किरातो॥
अमर-अगम तनु पाइ सो जड़ जाय न जातो।
होतो मंगल-मूल तू, अनुकूल बिधातो॥
जो मन, प्रीति-प्रतीति सों राम-नामहिं रातो।
तुलसी रामप्रसाद सों तिहुँताप न तातो/नसातो॥

हे मन! अगर तू श्रीराम की गुलामी करने में लज्जित होता है तो खरा दाम होकर भी तू खोटे दाम की भाँति इस हाथ से उस हाथ न बिकता, अर्थात् परमात्मा का अंश होने पर भी उससे विमुख होकर जीव-योनि में भटक रहा है। यदि भगवान् के नाम का जाप करने में आलस्य न करता तो आज इस प्रकार उसे भटकना न पड़ता। हे मन! यदि तू जानकीनाथ की शरण में चला जाता तो सर्वत्र तेरा आदर-सम्मान होता; काल, कर्म और कुल भी तेरे अनुकूल हो जाते। यदि तू संतों की सेवा करता तथा दूसरों के दु:खों को देखकर दु:खी होता तो तेरे हृदय में जमी हुई पाप रूपी मैल नष्ट हो जाती, तेरा अंत:करण निर्मल हो जाता। श्रीराम का नाम न लेने वाले के लिए यह संसार अगम्य और अनंत है, परंतु राम-नाम का आश्रय लेकर तू सहजता से भवसागर पार कर जाता है। श्रीराम के उलटे नाम की बड़ी महिमा है। वाल्मीकि 'मरा-मरा' का उच्चारण करते हुए ही व्याध से ब्रह्मर्षि बन गए। हे मूर्ख! देवताओं के लिए भी दुर्लभ मनुष्य-शरीर इस प्रकार तेरे द्वारा व्यर्थ न जाता। हे तुलसी! यदि मन में भगवान् राम की लौ होती तो संसार के दु:ख इस प्रकार न सताते।

जो मन लागै रामचरन अस।
देह-गेह-सुत-बित-कलत्र महँ मगन होत बिनु जतन किये जस॥
द्वंद्वरहित, गतमान, ग्यानरत, विषय-बिरत खटाइ नाना कस*।

सुखनिधान सुजान कोसलपति ह्वै प्रसन्न, कहु, क्यों न होंहि बस॥
सर्वभूत-हित, निर्ब्यलीक चित, भगति-प्रेम दृढ़ नेम, एकरस।
तुलसिदास यह होइ तबहिं जब द्रवै ईस, जेहि हतो सीसदस॥

हे मन! जिस प्रकार तू स्वभाववश शरीर, घर, पुत्र और धन में मग्न हो जाता है, उसी प्रकार भगवान् श्रीराम के चरणों में रम जा। इससे सुख-दुःख के द्वंद्व एवं अभिमान से रहित होकर विषय-वासनाओं से उसी प्रकार विरक्त हो जाएगा। इससे भगवान् राम प्रसन्न होकर उसके अधीन हो जाएँगे। सभी प्राणियों के हित में संलग्न, निर्विकार चित्तवाला, भक्ति-प्रेम और भगवदीय नियमों में दृढ़ होता है। परंतु हे तुलसीदास! यह दशा तभी प्राप्त होगी, जब रावण को मारनेवाले स्वामी श्रीराम प्रसन्न होकर कृपा करें।

ज्यों-ज्यों निकट भयो चहौं कृपालु! त्यों-त्यों दूरि पर्‌यो हौं।
तुम चहुँ जुग रस एक राम! हौं हूँ रावरो, जदपि अघ अवगुननि भर्‌यो हौं॥
बीच पाइ एहि नीच बीच ही छरनि छर्‌यो हौं।
हौं सुबरन कुबरन कियो, नृपतें भिखारि करि, सुमतितें कुमति कर्‌यो हौं॥
अगनित गिरि-कानन फिरयो, बिनु आगि जर्‌यो हौं।
चित्रकूट गये हौं लखि कलि की कुचालि सब, अब अपडरनि डर्‌यो हौं॥
माथ नाइ नाथ सों कहौं, हाथ जोरि खर्‌यो हौं।
चीन्हों चोर जिय मारिहै तुलसी सो कथा सुनि प्रभु सों गुदरि निबर्‌यो हौं॥

हे कृपानिधान! जैसे-जैसे मैं आपके निकट आना चाहता हूँ वैसे-वैसे दूर होता जाता हूँ। हे श्रीराम! आप चारों युगों में एकरस हैं और मैं भी आपका सेवक रहा हूँ, जबकि मैं पापों और अवगुणों से भरा हूँ। आपसे अलग रहने का अवसर पाकर नीच कलियुग ने मुझे बीच में ही छल लिया। मैं स्वर्ण था, परंतु इसने उसे कुवर्ण कर दिया। राजा से रंक तथा ज्ञानी से अज्ञानी बना दिया है। तभी से मैं अनेक योनियों में भटक रहा हूँ तथा अज्ञानजनित दुःख-दावानल से जलता रहा। परंतु जब चित्रकूट जाकर मैंने आपका भजन किया, तब मैं कलि की सभी कुचालें समझ गया हूँ। अब मैं स्वयं से भी डर रहा हूँ। मैं हाथ जोड़कर प्रभु के सामने मस्तक झुकाकर कह रहा हूँ कि पहचाना हुआ चोर जीव को प्रायः मार ही देता है। अर्थात् कलियुग रूपी चोर मनुष्य को जकड़ने के लिए तैयार है। इस बात को सुनकर तुलसी अपने स्वामी से प्रार्थना करके निश्चिंत हो चुके हैं।

तातें हाँ बार-बार देव! द्वार परि पुकार करत।
आरति, नति, दीनता कहें प्रभु संकट हरत॥
लोकपाल सोक-बिकल रावन-डर डरत।
का सुनि सकुचे कृपालु नर-सरीर धरत॥
कौसिक, मुनि-तीय, जनक सोच-अनल जरत।
साधन केहि सीतल भये, सो न समुझि परत॥
केवट, खग, सबरि सहज चरन-कमल न रत।
सनमुख तोहिं होत नाथ! कुतरु सुफरु फरत॥
बंधु-बैर कपि-बिभीषन गुरु गलानि गरत।
सेवा केहि रीझि राम, किये सरिस भरत॥
सेवक भयो पवनपूत साहिब अनुहरत।
ताको लिये नाम राम सबको सुढर ढरत॥
जाने बिनु राम-रीति पचि पचि जग मरत।
परिहरि छल सरन गये तुलसिहु-से तरत॥

हे नाथ! तुम्हारे स्वभाव को जानकर मैं तुम्हारे द्वार पर पड़ा हुआ बारंबार तुम्हें पुकारते हुए कह रहा हूँ कि हे प्रभु! दुःख, नम्रता और दीनता सुनाते ही तुम दुखियों के समस्त संकट हर लेते हो। रावण के भय से जब इंद्र, कुबेर आदि देवगण व्याकुल हो गए थे, तब हे कृपालु! तुमने क्यों सोचकर मनुष्य शरीर धारण किया था? विश्वामित्र, अहल्या और जनक चिंता की अग्नि में जल रहे थे, परंतु आपकी कृपा से वे शीतल हो गए। निषाद, जटायु, शबरी आदि स्वभाव से तुम्हारे चरण-कमलों में रत नहीं थे; किंतु हे नाथ! तुम्हारे सामने आते ही इन बुरे-बुरे वृक्षों में रसयुक्त फल लग गए। अर्थात् आपकी शरण में आकर इनका जीवन भी सफल हो गया। भाई से पीड़ित होकर सुग्रीव और विभीषण आपकी शरण में आए, परंतु आपने उन्हें भरत के समान गले से लगाकर भ्रातृ-प्रेम दिया। आपकी सेवा करते-करते हनुमानजी भी संसार में पूजनीय और सम्माननीय हो गए। अतः हे नाथ! आपकी रीझने की रीत न जानने के कारण ही जगत् अन्य साधनों में उलझकर मर रहा है। परंतु जो आपकी शरण में आता है, उसका उद्धार हो जाता है; क्योंकि कपट त्यागकर आपकी शरण में जाने से तुलसी जैसे पापी जीव भी भवसागर से तर गए।

तुम अपनायो तब जानिहौं, जब मन फिरि परिहै।
जेहि सुभाव बिषयनि लग्यो, तेहि सहज नाथ सौं नेह छाड़ि छल करिहै॥

सुत की प्रीति, प्रतीति मीत की, नृप ज्यों डर डरिहै।
अपनो सो स्वारथ स्वामि सों, चहुँ बिधि चातक ज्यों एक टेकते नहिं टरिहै॥
हरषिहै न अति आदरे, निदरे न जरि मरिहै।
हानि-लाभ दुख-सुख सबै समचित हित-अनहित, कलि-कुचालि परिहरिहै॥
प्रभु-गुन सुनि मन हरषिहै, नीर नयननि ढरिहै।
तुलसिदास भयो राम को बिस्वास, प्रेम लखि आनँद उमगि उर भरिहै॥

हे प्रभु! जिस दिन मेरा मन आपकी ओर से फिर जाएगा उस दिन से मैं समझूँगा कि आपने मुझे अपना बना लिया है। यह मन सहज स्वभाव के कारण विषय-वासनाओं में उलझा हुआ है; परंतु जब कपट छोड़कर यह आपसे प्रेम करेगा तभी मैं समझूँगा कि आपने मुझे अपना सेवक मान लिया है। जिस प्रकार मेरा मन पुत्र से प्रेम करता है, मित्र पर विश्वास करता है, राज-भय से डरता है, वैसे ही जब ये अपने सारे स्वार्थ स्वामी से ही रखेगा तथा चातक की भाँति अपने निश्चय पर अटल रहेगा; आदर पाने पर जब उसे न तो हर्ष होगा और न ही विषाद; हानि-लाभ, सुख-दुःख में समभाव रखेगा तथा कलिकाल की कुचालों को छोड़ देगा, तभी मैं मानूँगा कि आपने मुझे अपना लिया है। जिस समय आपके प्रेम के अतिरेक से मेरी आँखों से आँसू की धाराएँ बहने लगेंगी, तब तुलसीदास को विश्वास होगा कि श्रीराम ने उसे स्वीकार कर लिया है। हे प्रभु! मुझे अपनाकर शीघ्र मेरी ऐसी दशा करें।

तुम सम दीनबंधु, न दीन कोउ मो सम, सुनहु नृपति रघुराई।
मोसम कुटिल-मौलिमनि नहिं जग, तुम सम हरि! न हरन कुटिलाई॥
हौं मन-बचन-कर्म पातक-रत, तुम कृपालु पतितन-गतिदाई।
हौं अनाथ, प्रभु! तुम अनाथ-हित, चित यहि सुरति कबहुँ नहिं जाई॥
हौं आरत, आरति-नासक तुम, कीरति निगम पुराननि गाई।
हौं सभीत तुम हरन सकल भय, कारन कवन कृपा बिसराई॥
तुम सुखधाम राम श्रम-भंजन, हौं अति दुखित त्रिबिध श्रम पाई।
यह जिय जानि दास तुलसी कहँ राखहु सरन समुझि प्रभुताई॥

हे श्रीरामचंद्र! दीनों का कल्याण करनेवाला आपके समान दूसरा कोई नहीं है और मेरे समान दीन कोई नहीं है। हे नाथ! संसार में मेरे समान कुटिल और आपके समान कुटिलता का नाश करनेवाला कोई नहीं है। मन, वचन और कर्म से मैं पापों में लीन हूँ। हे कृपालु! आप पापियों को परम गति देनेवाले हैं। मैं

अनाथ और आप अनाथों का हित करनेवाले तथा मैं दुःखी और आप दुखों का नाश करनेवाले हैं। वेद-पुराण भी आपका यश गाते हैं। मैं जन्म-मृत्यु रूपी संसार से भयभीत हूँ और आप समस्त भय का नाश करनेवाले हैं। इतना सबकुछ होने पर भी क्या कारण है कि आप मुझपर कृपा नहीं करते? हे राम! आप आनंद और सुख के धाम हैं, जबकि मैं संसार के तीनों तापों से दग्ध हूँ। इसलिए हे प्रभु! मुझे अपनी शरण में ले लें।

दनुज-वन-दहन, गुन-गहन, गोविंद नंदादि-आनंद-दाताऽविनाशी।
शंभु, शिव, रुद्र, शंकर, भयंकर, भीम, घोर, तेजायतन, क्रोध-राशी॥
अनँत, भगवंत-जगदंत-अंतक-त्रास-शमन, श्रीरमन, भुवनाभिरामं।
भूधराधीश जगदीश ईशान, विज्ञानघन, ज्ञान-कल्यान-धामं॥
वामनाव्यक्त , पावन, परावर, विभो, प्रकट परमातमा, प्रकृति-स्वामी।
चंद्रशेखर, शूलपाणि, हर, अनघ, अज, अमित, अविछिन्न, वृषभेश-गामी॥
नीलजलदाभ तनु श्याम, बहु काम छवि राम राजीवलोचन कृपाला।
कंबु-कर्पूर-वपु धवल, निर्मल मौलि जटा, सुर-तटिनि, सित सुमन माला॥
वसन किंजल्कधर, चक्र-सारंग-दर-कंज-कौमोदकी अति विशाल।
मार-करि-मत्त-मृगराज, त्रैनैन, हर, नौमि अपहरण संसार-जाला॥
कृष्ण, करुणाभवन, दवन कालीय खल, विपुल कंसादि निर्वंशकारी।
त्रिपुर-मद-भंगकर, मत्तगज-चर्मधर, अन्धकोरग-ग्रसन पन्नगारी॥
ब्रह्म, व्यापक, अकल, सकल, पर, परमहित, ग्यान, गोतीत, गुण-वृत्ति-हर्त्ता।
सिंधुसुत-गर्व-गिरि-वज्र, गौरीश, भव, दक्ष-मख अखिल विध्वंसकर्त्ता॥
भक्तिप्रिय, भक्तजन-कामधुक धेनु, हरि हरण दुर्घट विकट विपति भारी।
सुखद, नर्मद, वरद, विरज, अनवद्यऽखिल, विपिन-आनंद-वीथिन-विहारी॥
रुचिर हरिशंकरी नाम-मंत्रावली द्वंद्व-दुख हरनि, आनंदखानी।
विष्णु-शिव-लोक-सोपान-सम सर्वदा वदति तुलसीदास विशद बानी॥

इस भजन द्वारा तुलसीदास ने भगवान् विष्णु और भगवान् शिव की स्तुति की है। इसलिए इसका नाम हरि-शंकरी है। तुलसीदास स्तुति करते हुए कहते हैं कि भगवान् विष्णु—दानव रूपी वन को जलानेवाले, सात्त्विक गुणों से युक्त, इंद्रियों को नियंत्रित करनेवाले, नंद-उपनंद को आनंद देनेवाले तथा अविनाशी हैं। भगवान् शिव—शंभु, शिव, रुद्र, शंकर आदि कल्याणकारी नामों से प्रसिद्ध हैं; वे बड़े भयंकर, महान् तेजस्वी और क्रोध से युक्त हैं।

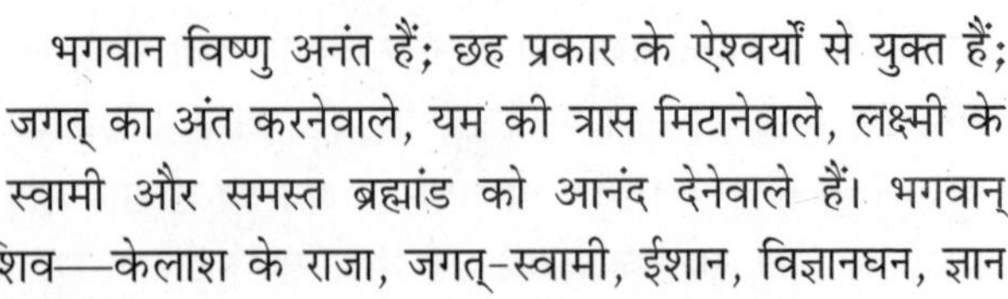

भगवान विष्णु अनंत हैं; छह प्रकार के ऐश्वर्यों से युक्त हैं; जगत् का अंत करनेवाले, यम की त्रास मिटानेवाले, लक्ष्मी के स्वामी और समस्त ब्रह्मांड को आनंद देनेवाले हैं। भगवान् शिव—कैलाश के राजा, जगत्-स्वामी, ईशान, विज्ञानघन, ज्ञान तथा मोक्ष-प्रदायक हैं।

भगवान् विष्णु—वामन रूप धारण करनेवाले, मन-इंद्रियों से अव्यक्त, विकार-रहित, जड़-चेतन और लोक-परलोक के स्वामी, साक्षात् परमात्मा और प्रकृति के स्वामी हैं। भगवान् शिव—मस्तक पर चंद्रमा और हाथ में त्रिशूल धारण करनेवाले, सृष्टि के संहारकर्ता, पापशून्य, अजन्मा, अपरिमेय, अखंड और नंदी पर सवार होकर चलने वाले हैं।

भगवान् विष्णु नीले मेघ के समान श्याम शरीरवाले, अनेक कामदेवों के समान शोभावाले, कमल के समान सुंदर नेत्रवाले और समस्त विश्व में रमनेवाले कृपालु हैं। भगवान् शिव—शंख और कपूर के समान चिकने, श्वेत और सुगंधित शरीरवाले, मल-रहित, मस्तक पर जटाजूट और गंगाजी को धारण करनेवाले तथा सफेद पुष्पों की माला पहने हुए हैं।

भगवान् विष्णु—कमल के केसर के समान पीतांबर धारण किए तथा हाथों में शंख, चक्र, पद्म, शारंग धनुष और अत्यंत विशाल कौमोदकी गदा लिए हुए हैं। भगवान् शिव—कामदेव रूपी मतवाले हाथी को मारने के लिए सिंह रूप, तीन नेत्रवाले तथा आवागमन रूपी जगत् के जाल का नाश करनेवाले हैं।

भगवान् विष्णु—सबका आकर्षण करनेवाले, करुणा के धाम, कालिय नाग का दमन करनेवाले तथा कंस आदि दुष्टों का संहार करनेवाले हैं। भगवान् शिव—त्रिपुरासुर का मद चूर करनेवाले, मतवाले हाथी का चर्म धारण करनेवाले तथा अंधकासुर रूपी सर्प को ग्रसने के लिए गरुड़ हैं।

भगवान् विष्णु—पूर्ण ब्रह्म, व्यापक, कला-रहित, सबसे श्रेष्ठ, परम हितैषी, ज्ञान-स्वरूप, अंतःकरण रूपी भीतरी और श्रवणादि बाहरी इंद्रियों से अतीत और तीनों गुणों की वृत्तियों का हरण करनेवाले हैं। भगवान् शिव—जलंधर के गर्व को तोड़नेवाले, पार्वतीजी के पति, संसार के उत्पत्ति स्थान तथा दक्ष के संपूर्ण यज्ञ का विध्वंस करने वाले हैं।

भगवान् विष्णु—जिन्हें भक्ति प्रिय है, जो भक्तों के मनोरथ पूर्ण करने के लिए कामधेनु के समान हैं; जो कठिन और भयंकर विपत्तियों को भी हरने के

कारण हरि कहलाते हैं। भगवान् शिव—सुख, आनंद और मनोवांछित वर देने वाले; विरक्त, समस्त दोषों एवं विकारों से रहित तथा काशी की गलियों में विहार करने वाले हैं।

तुलसीदास कहते हैं कि हरि और शिव के नाम-मंत्रों की ये सुंदर पंक्तियाँ राग-द्वेष आदि से उत्पन्न होनेवाले दुःखों का नाश करनेवाली, आनंद का भंडार तथा मोक्ष की प्राप्ति के लिए सीढ़ी के समान हैं।

द्वार-द्वार दीनता कही, काढ़ि रद, परि पाहूँ।
हैं दयालु दुनी दस दिसा, दुख-दोष-दलन-छम, कियो न सँभाषन काहूँ॥
तनु जन्यो/जनतेऊ कुटिल कीट ज्यों, तज्यों मातु-पिताहूँ।
काहे को रोष, दोष काहि धौं, मेरे ही अभाग मोसों सकुचत छुइ सब छाहूँ॥
दुखित देखि संतन कह्यो, सोचै जनि मन माँहू।
तोसे पसु-पाँवर-पातकी परिहरे न सरन गये, रघुबर ओर बिनाहूँ॥
तुलसी तिहारो भये भयो सुख्खी प्रीति-प्रतीति बिनाहू।
नाम की महिमा, सील नाथको, मेरो भलो बिलोकि अब तें सकुचाहुँ सिहाहूँ॥

हे नाथ! संसार में परमार्थ का कार्य करनेवाले ऐसे अनेक दयालु हैं, जो दुःखों एवं दोषों का दमन करने में समर्थ हैं। मैं पैरों पड़-पड़कर उनके द्वारों पर अपनी दीनता सुनाता रहा, परंतु मेरी किसी ने नहीं सुनी। माता-पिता ने भी मुझे ऐसे त्याग दिया जैसे कुटिल कीड़ा अपने शरीर से जन्मे हुए बच्चे को भी त्याग देता है। मैं किस बात पर क्रोध करूँ, किसे दोष दूँ? यह सब मेरे दुर्भाग्य का ही परिणाम है। मुझ पापी की छाया से भी लोग दूर भागते हैं। मेरी ऐसी दुर्दशा देखकर संतों ने मुझे आपकी शरण में जाने का परामर्श दिया। यह तुलसी तभी से आपका हो गया। उसी दिन से मेरे समस्त दुःखों का नाश हो गया और मैं अनेक सुख भोग रहा हूँ। हे नाथ! आपके नाम की महिमा ने मेरा कल्याण किया, यह सोच-सोचकर मैं सकुचा रहा हूँ; क्योंकि मैंने आपकी कृपा प्राप्त करने वाला कोई कार्य नहीं किया, फिर भी आपने मेरे समस्त दुःख हर लिये।

दीन-दयालु दिवाकर देवा। कर मुनि मनुज सुरासुर सेवा॥
हिम-तम-करि-केहरि करमाली। दहन दोष-दुख-दुरित-रुजाली॥
कोक-कोकनद-लोक-प्रकासी। तेज-प्रताप-रूप-रस-रासी॥
सारथि-पंगु दिब्य रथ-गामी। हरि-संकर-बिधि-मूरति स्वामी॥
बेद-पुरान प्रगट जस जागै। तुलसी राम-भगति बर माँगै॥

हे दीनदयालु भगवान् सूर्यदेव! मुनि, मनुष्य, देवता और राक्षस—सभी आपकी उपासना करते हैं। आप अंधकाररूपी हाथी को मारनेवाले सिंह हैं तथा किरणों की माला से युक्त हैं। आपके समक्ष दोष, दुःख, दुराचार और रोग भस्म हो जाते हैं। रात के बिछुड़े हुए चकवा-चकवी को मिलानेवाले; कमल को खिलानेवाले तथा समस्त लोकों को प्रकाशित करनेवाले आप ही हैं; आप तेज, प्रताप, रूप और रस के भंडार हैं। हे स्वामी! आप ब्रह्मा, विष्णु और शिव के ही रूप हैं। वेद-पुराणों में आपकी कीर्ति जगमगा रही है। तुलसीदास विनयपूर्वक आपसे राम-भक्ति का वरदान माँगता है।

दीनदयालु, दुरित दारिद दुख दुनी दुसह तिहुँ ताप तई है।
देव दुवार पुकारत आरत, सबकी सब सुख हानि भई है॥
प्रभु के बचन, बेद-बुध-सम्मत, 'मम मूरति महिदेवमई है।'
तिनकी मति रिस-राग-मोह-मद, लोभ लालची लीलि गई है॥
राज-समाज कुसाज कोटि कटु कलपित कलुष कुचाल नई है।
नीति, प्रतीति, प्रीति परमित पति हेतुबाद हठि फेरि हई है॥
आश्रम-बरन-धरम-बिरहित जग, लोक-बेद-मरजाद गई है।
प्रजा पतित, पाखंड-पापरत, अपने अपने रंग रई है॥
सांति, सत्य, सुभ, रीति गई घटि, बढ़ी कुरीति, कपट-कलई है।
सीदत साधु, साधुता सोचति, खल बिलसत, हुलसति खलई है॥
परमारथ स्वारथ, साधन भये अफल, सफल नहिं सिद्धि सई है।
कामधेनु-धरनी कलि-गोमर-बिबस बिकल जामति न बई है॥
कलि-करनी बरनिये कहाँ लौं, करत फिरत बिनु टहल टई है।
तापर दाँत पीसि कर मींजत, को जानै चित कहा ठई है॥
त्यों-त्यों नीच चढ़त सिर ऊपर, त्यों-त्यों सीलबस ढील दई है।
सरुष बरजि तरजिये तरजनी, कुम्हिलैहै कुम्हड़े की जई है॥
दीजै दादि देखि ना तौ बलि, मही मोद-मंगल रितई है॥
भरे भाग अनुराग लोग कहैं, राम कृपा-चितवनि चितई है॥
बिनती सुनि सानंद हेरि हँसि, करुना-बारि भूमि भिजई है।
राम राज भयो काज, सगुन सुभ, राजा राम जगत-बिजई है॥
समरथ बड़ो, सुजान सुसाहब, सुकृत-सैन हारत जितई है।
सुजन सुभाव सराहत सादर, अनायास साँसति बितई है॥

उथपे थपन, उजारि बसावन, गई बहोरि बिरद सदई है।
तुलसी प्रभु आरत-आरतिहर, अभयबाँह केहि-केहि न दई है॥

हे दीनदयालु! पाप, दरिद्रता, दुःख और तीन प्रकार के तापों—दैहिक, दैविक और भौतिक—से दुनिया तप्त हो रही है। हे भगवन्! यह दुखियारा द्वार पर खड़ा आपको पुकार रहा है, क्योंकि सभी प्रकार के सुख चले गए हैं। वेदों तथा विद्वानों की सम्मति के साथ-साथ भगवान् श्रीहरि के मुख से निकले वचनों के अनुसार ब्राह्मण उनके ही साक्षात् स्वरूप हैं। परंतु कलियुग में ब्राह्मणों की बुद्धि को क्रोध ने अपना दास बना लिया है; आसक्ति, मोह, मद और लोभ ने उन्हें कुमार्ग की ओर अग्रसर कर दिया है। वे स्वाभाविक गुणों को त्यागकर अज्ञानी, कामी, क्रोधी और लोभी हो गए हैं। इसी प्रकार क्षत्रिय भी अपने धर्म को छोड़कर अनेक प्रकार के व्यभिचारों में उलझ गए हैं। नास्तिकता ने राजनीति, धर्म, विश्वास, प्रेम और कुल की मर्यादा का सर्वनाश कर दिया है। प्रजाजन पाप और अधर्म में लीन होकर स्वेच्छाचारी हो गए हैं। सत्य, प्रेम, अहिंसा, परोपकार, दान—सबकुछ छल-कपट के सामने बलहीन हो रहे हैं। यही कारण है कि सत्पुरुष कष्ट भोग रहे हैं, साधुता शोकग्रस्त है, दुष्ट और पापी आनंद में डूबे हुए हैं। लोग धर्म के नाम पर धन बटोरने में लगे हुए हैं। कलियुग रूपी कसाई के हाथों में पड़कर पृथ्वी रूपी कामधेनु अत्यंत व्याकुल हो रही है। हे श्रीराम! आप जितनी ढील दे रहे हैं उतना ही संसार पापग्रस्त होता जा रहा है। अब आप ही पृथ्वी की रक्षा करें, अन्यथा यह सुख और आनंद से शून्य हो जाएगी। तुलसीदास कहते हैं कि आप इस प्रकार कृपा करें कि लोग कहें कि विनती सुनकर भगवान् राम ने प्रेम की ऐसी वृष्टि की, जिससे संपूर्ण भूमि तर हो गई। रामराज्य के स्थापित होते ही सभी कार्य सफल हो गए, शुभ शकुन होने लगे; परंतु हे श्रीराम! आप ऐसा क्यों नहीं करते? आप तो सदा से उजड़े हुए को बसाते रहे हैं। हे तुलसी! भगवान् राम ने दुखियों के दुःख दूरकर किस-किसको अभय प्रदान नहीं किया?

दीनबंधु, सुखसिंधु, कृपाकर, कारुनीक रघुराई।
सुनहु नाथ! मन जरत त्रिबिधि जुर, करत फिरत बौराई॥
कबहुँ जोगरत, भोग-निरत सठ हठ बियोग-बस होई।
कबहुँ मोहबस द्रोह करत बहु, कबहुँ दया अति सोई॥
कबहुँ दीन, मतिहीन, रंकतर, कबहुँ भूप अभिमानी।
कबहुँ मूढ़, पंडित बिडंबरत, कबहुँ धर्मरत ग्यानी॥

कबहुँ देव! जग धनमय रिपुमय कबहुँ नारिमय भासै।
संसृति-संनिपात दारुन दुख बिनु हरि-कृपा न नासै॥
संजम, जप, तप, नेम, धरम, ब्रत बहु भेषज-समुदाई।
तुलसिदास भव-रोग रामपद-प्रेम-हीन नहिं जाई॥

हे दीनबंधु! सुखसिंधु! हे कृपाकर! हे करुणामय रघुनंदन! आप दीनों के बंधु, सुख के समुद्र तथा कृपा के भंडार हैं। हे नाथ! संसार के त्रिविध तापों से मेरा हृदय तप्त है। उसे काम, क्रोध, लोभ रूपी दोषों ने जकड़ लिया है। कभी यह योगाभ्यास करता है तो कभी विषय-वासनाओं फँस जाता है; कभी वियोग के वश हो जाता है तो कभी मोहवश नाना प्रकार के द्रोह करता है। कभी दीन, बुद्धिहीन तथा निर्बल बन जाता है तो कभी घमंडी राजा के समान व्यवहार करता है। कभी मूर्ख तो कभी पंडित, कभी पाखंडी तो कभी ध र्मपरायण ज्ञानी बन जाता है। हे देव! यह संसार रूपी ज्वर का दुःख आपकी कृपा के बिना नष्ट नहीं होगा। यद्यपि जप, तप, संयम, नियम, धर्म, व्रत आदि अनेक औषधियाँ हैं; परंतु तुलसीदास का संसार रूपी रोग भगवान् राम के प्रेम के बिना कदापि दूर नहीं होगा।

देव बड़े, दाता बड़े, संकर बड़े भोरे।
किये दूर दुख सबनि के, जिन्ह-जिन्ह कर जोरे॥
सेवा, सुमिरन, पूजिबौ, पात आखत थोरे।
दिये जगत जहँ लगि सबै, सुख, गज, रथ, घोरे॥
गाँव बसत बामदेव, मैं कबहूँ न निहोरे।
अधिभौतिक बाधा भई, ते किंकर तोरे॥
बेगि बोलि बलि बरजिये, करतूति कठोरे।
तुलसी दलि, रूँध्यो चहैं सठ साखि सिहोरे॥

हे शिव! हे शंकर! आप बड़े देव हैं, बड़े दानी हैं तथा बड़े ही भोले हैं। जिन-जिन लोगों ने आपके समक्ष हाथ जोड़े, आपने पल भर में उनके सभी दुःख दूर कर दिए। थोड़े से बेलपत्र, चावल और जल से ही आपकी सेवा, स्मरण और पूजा का कार्य संपन्न हो जाता है। परंतु इसके बदले में आप भक्त को संसार का समस्त ऐश्वर्य प्रदान कर देते हैं; हे नाथ! मैं आपके परम धाम काशी में रहता हूँ। मैंने आजतक आप से कुछ नहीं माँगा, परंतु अब भौतिक बंधन मुझे जकड़ने वाले हैं। अतएव आप मुझपर शीघ्र कृपा करें जिससे ये दुष्ट तुलसीदास रूपी तुलसी के पेड़ के स्थान पर काँटों का पेड़ न लगा सकें।

नाथ गुननाथ सुनि होत चित चाउ सो।
राम रीझिबे को जानौं भगति न भाउ सो॥
करम, सुभाउ, काल, ठाकुर न ठाउँ सो।
सुधन न, सुतन न, सुमन, सुआउ सो॥
जाँचौं जल जाहि कहै अमिय पियाउ सो।
कासों कहौं काहू सों न बढ़त हियाउ सो॥
काप! बलि जाउँ, आप करिए उपाउ सो।
तेरे ही निहारे परै हारेहू सुदाउ सो॥
तेरे ही सुझाए सूझै असुझ सुझाउ सो।
तरे ही बुझाए बूझै अबुझ बुझाउ सो॥
नाम-अवलंबु-अंबु दीन मीन-राउ सो।
प्रभु सों बनाइ कहौं जीह जरि जाउ सो॥
सब भाँति बिगरी है एक सुबनाउ-सो।
तुलसी सुसाहिबहिं जिए है जनाउ सो॥

हे नाथ! आपके गुणों का गान सुनकर मेरे हृदय में प्रेम उमड़ता है, परंतु आप जिस भक्ति और भाव से प्रसन्न होते हैं, उससे मैं पूर्णत: अनभिज्ञ हूँ। क्योंकि न तो मेरे कर्म उत्तम हैं, न स्वभाव श्रेष्ठ है, न समय अच्छा है, न स्वामी है, न कोई ठिकाना है, न साधन रूपी उत्तम धन है, न सेवापरायण शरीर है, न परमार्थ में लगनेवाला मन है, न भजन से पवित्र हुई आयु है। अर्थात् आपकी भक्ति करने के लिए मेरे पास कोई भी साधन नहीं है। जिससे मैं पानी माँगता हूँ, वह ही मुझसे अमृत पिलाने के लिए कहता है। अब मैं अपनी बात किससे कहूँ? हे नाथ! आप ही मुझे कोई अच्छा उपाय बता दें। आपकी कृपादृष्टि से बड़े-से-बड़ा पापी भी पापमुक्त होकर आपके परमधाम का अधिकारी बन जाता है, न समझ में आनेवाला आपका स्वरूप भी समझ में आ जाता है। मेरी बात हर प्रकार से बिगड़ चुकी है। अब मेरी बिगड़ी आप ही बना सकते हैं। यह बात तुलसीदास ने अपने दयालु स्वामी को बता दी है।

नाम राम रावरोई हित मेरे।
स्वारथ-परमारथ साथिन्ह सों भुज उठाइ कहौं टेरे॥
जानकी-जनक तज्यो जनमि, करम बिनु बिधिहु सृज्यो अवडेरे।
मोहुँ सो कोउ-कोउ कहत रामहि को, सो प्रसंग केहि केरे॥

फिर्‌यो ललात बिनु नाम उदर लगि, दुखउ दुखित मोहि हेरे।
नाम-प्रसाद लहत रसाल-फल अब हौं बबुर बहेरे॥
साधत साधु लोक-परलोकहि, सुनि गुनि जनत घनेरे।
तुलसी के अवलंब नाम को, एक गाँठि कइ फेरे॥

हे श्रीराम! मैं हाथ उठाकर स्वार्थ और परमार्थ के सभी बंधु-बांधवों को यह बात पुकारकर कहता हूँ कि आपका परम पावन नाम ही मेरा हित करने वाला है। माता-पिता ने जन्म देकर मुझे छोड़ दिया, ब्रह्माजी ने भी मुझे अभागा और बेढब-सा बना दिया। फिर भी लोग मुझे 'राम का दास' कहते हैं। यह सब राम-नाम का ही प्रताप है। जब तक मैं श्रीराम से विमुख रहा तब तक द्वार-द्वार भिक्षा माँगता था। मेरी दशा अत्यंत दयनीय थी। परंतु जब से श्रीराम ने मुझपर कृपा की है तब से मेरे समस्त दुःख नष्ट हो गए हैं तथा मेरा जीवन सुखमय हो गया है। संतजन शास्त्रों के श्रवण-मनन-चिंतन रूपी साधनों द्वारा अपना लोक-परलोक सुधार लेते हैं, परंतु तुलसी के लिए केवल राम-नाम ही मुक्ति का एकमात्र साधन है।

पावन प्रेम राम-चरन-कमल जनम लाहु परम।
राम नाम लेत होत, सुलभ सकल धरम॥
जोग, मख, बिबेक, बिरत, बेद-बिदित करम।
करिबे कहँ कटु कठोर, सुनत मधुर, नरम॥
तुलसी सुनि, जानि-बूझि, भूलहि जनि भरम।
तेहि प्रभु को होहि, जाहि सब ही की सरम॥

श्रीराम के चरण-कमलों में निष्काम प्रेम का होना ही जीवन का पुण्य फल है। राम-नाम लेते ही सभी धर्म सुलभ हो जाते हैं। वेदों में योग, यज्ञ, विवेक, वैराग्य आदि से संबंधित अनेक कर्म बताए गए हैं। ये सुनने में बड़े मधुर लगते हैं, परंतु करने में बड़े कटु और कठोर हैं। इसलिए हे तुलसीदास! सबकुछ त्यागकर तू केवल भगवान् श्रीराम का शरणागत हो जा।

बंदौं रघुपति करुना-निधान जाते छूटै भव-भेद-ग्यान॥
रघुबंद्य-कुमुद-सुखप्रद निसेस-सेवत पद-पंकज अज महेस॥
निज भक्त-हृदय-पाथोज-भृंग। लावन्य बपुष अगनित अनंग॥
अति प्रबल मोह-तम-मारतंड। अग्यान-गहन-पावक प्रचंड॥

अभिमान-सिंधु-कुंजभ उदार। सुररंजन, भंजन भूमिभार॥
रागादि-सर्पगन-पन्नगारि। कंदर्प-नाग-मृगपति, मुरारि॥
भव-जलधि-पोत चरनारबिंदु। जानकी-रवन आनंद-कंद॥
हनुमंत-प्रेम-बापी-मराल। निष्काम कामधुक गो दयाल॥
त्रैलोक-तिलक, गुनगहन राम। कह तुलसिदास बिश्राम-धाम॥

मैं करुणानिधान भगवान् श्रीराम की वंदना करता हूँ, जिससे सांसारिक माया का बंधन छूट जाए। भगवान् राम रघुवंश रूपी कुमुद को चंद्रमा के समान प्रफुल्लित करनेवाले हैं। ब्रह्मा और शिव भी जिनके चरण-कमलों की वंदना करते हैं; जो भक्तों के हृदय में निवास करते हैं, जिनके शरीर का लावण्य असंख्य कामदेवों के समान है; जो मोह रूपी अंधकार का नाश करने के लिए सूर्य और अज्ञान रूपी वन को भस्म करने के लिए अग्नि रूप हैं; जो अभिमानी सागर को पीनेवाले अगस्त्य हैं; राग-द्वेषादि सर्पों का भक्षण करने के लिए गरुड़ और काम रूपी हाथी को मारने के लिए सिंह हैं; जिनके चरण-कमलों से भवसागर पार हो जाता है; जो निष्काम भक्तों के लिए कामधेनु के समान हैं, उन्हें मैं शत-शत नमन करता हूँ। तुलसीदास कहते हैं कि तीनों लोकों के शिरोमणि, सद्गुणों से युक्त भगवान् राम ही एकमात्र शांति-प्रदायक हैं।

बिस्वास एक राम-नाम को।
मानत नहिं परतीति अनत ऐसोइ सुभाव मन बाम को॥
पढ़िबो पर्‍यो न छठी छ मत रिगु जजुर अथर्वन साम को।
ब्रत तीरथ तप सुनि सहमत पचि मरै करै तन छाम को?॥
करम-जाल कलिकाल कठिन आधीन सुसाधित दाम को।
ग्यान बिराग जोग जप तप, भय लोभ मोह कोह काम को॥
सब दिन सब लायक भव गायक रघुनायक गुन-ग्राम को।
बैठे नाम-कामतरु-तर डर कौन घोर घन घाम को॥
को जानै को जैहै जमपुर को सुरपुर पर धाम को।
तुलसिहिं बहुत भलो लागत जग जीवन रामगुलाम को॥

तुलसीदास कहते हैं कि मुझे केवल राम-नाम का ही विश्वास है। मेरे कुटिल मन का ऐसा स्वभाव है कि वह किसी और पर विश्वास नहीं करता। छह शास्त्रों तथा चार वेदों को पढ़ना मेरे भाग्य में नहीं है। व्रत, जप, तप, तीर्थ आदि के नाम से मेरा मन भयभीत है। कलियुग में कर्मकांड कठिन है, क्योंकि

ये भी धन के अधीन हो गए हैं। ज्ञान, वैराग्य, योग, जप और तप आदि साधनों को करने में भी काम, क्रोध, मोह, लोभ आदि का भय लगा रहता है; परंतु इस संसार रूपी भवसागर में श्रीरघुनाथ के गुणों का गान करनेवाले सर्वथा योग्य हैं। अज्ञान रूपी अंधकार उन्हें भ्रमित नहीं कर सकता, विषय-वासनाओं के बंधनों में नहीं जकड़ते। तुलसीदास को तो इस संसार में श्रीराम का सेवक होकर जीने में अत्यंत आनंद प्रतीत होता है।

बीर महा अवराधिए, साधे सिधि होय।
सकल काम पूरन करै, जानै सब कोय॥
बेगि, बिलंब न कीजिए लीजै उपदेस।
बीज महा मंत्र जपिए सोई, जो जपत महेस॥
प्रेम-बारि-तरपन भलो, घृत सहज सनेहु।
संसय-समिध, अगिनि छमा, ममता-बलि देहु॥
अघ-उचाटि, मन बस करै, मारै मद मार।
आकरषै सुख-संपदा-संतोष-बिचार॥
जिन्ह यहि भाँति भजन कियो, मिले रघुपति ताहि।
तुलसिदास प्रभुपथ चढ़्यौ, जौ लेहु निबाहि॥

हे प्राणी! तुम्हें वीर रघुनाथ की आराधना करनी चाहिए, जिन्हें साधने से समस्त मनोकामनाएँ सिद्ध हो जाती हैं। वे सभी के हृदय की बात जानते हैं। अत: इस कार्य में बिना विलंब किए सद्गुरु से उपदेश लें और रामनाम के बीजमंत्र से जाप करें, जिससे शिवजी भी जाप करते हैं। मंत्रजप के बाद प्रेम रूपी जल से तर्पण करें। तदनंतर सहज स्वाभाविक स्नेह का घी बनाना चाहिए। फिर संदेह रूपी समिधा को क्षमा रूपी अग्नि में हवन करते हुए ममता का बलिदान कर दें। पापों का नाश मन पर नियंत्रण अहंकार एवं काम का मारण तथा संतोष एवं ज्ञान रूपी सुख-संपत्ति का आह्वान करना चाहिए। जो इस प्रकार भजन करता है, उसे भगवान् राम मिल जाते हैं। तुलसीदास भी इसी मार्ग का अनुसरण कर रहे हैं, जिसे प्रभु निबाह लेंगे।

भरोसो जाहि दूसरो सो करो।
मोको तो रामको नाम कलपतरु कलि कल्यान फरो॥
करम उपासन, ग्यान, बेदमत, सो सब भाँति खरो।
मोहि तो 'सावनके अंधहि' ज्यों सूझत रंग हरो॥

चाटत रह्यो स्वान पातरि ज्यों कबहुँ न पेट भरो।
सो हौं सुमिरत नाम-सुधारस पेखत परुसि धरो॥
स्वारथ औ परमारथ हू को नहि कुंजरो-नरो।
सुनियत सेतु पयोधि पषाननि करि कपि कटक-तरो॥
प्रीति-प्रतीति जहाँ जाकी, तहँ ताको काज सरो।
मेरे तो माय-बाप दोउ आखर, हौं सिसु-अरनि अरो॥
संकर साखि जो राखि कहौं कछु तौ जरि जीह गरो।
अपनो भलो राम-नामहि ते तुलसिहि समुझि परो॥

जिसे श्रीराम के अतिरिक्त किसी दूसरे का भरोसा है तो वैसा करे। लेकिन कलियुग में मेरे लिए राम-नाम ही कल्पवृक्ष है, जिससे कल्याण रूपी फल की प्राप्ति होती है। यद्यपि कर्म, उपासना और ज्ञान आदि वैदिक सिद्धांत भी श्रेष्ठ हैं, परंतु मुझे राम-नाम के अतिरिक्त कुछ और सुझाई नहीं देता। कुत्ते के समान मैंने अनेक पत्तलें चाटीं—अर्थात् ज्ञान हेतु अनेक महात्माओं की शरण में गया, परंतु कहीं परमानंद नहीं मिला। लेकिन राम-नाम का स्मरण करते ही मेरे सामने मुक्ति रूपी थाल में ज्ञान रूपी पदार्थ प्रकट हो गए। यद्यपि इसका भक्षण करते ही मुझे मोक्ष मिल जाएगा, परंतु मैं भगवान् राम के प्रेम-रस का पान कर रहा हूँ। मेरे लिए राम का नाम स्वार्थ और परमार्थ—दोनों का ही साधक है। इसी नाम के प्रभाव से वानर-सेना ने समुद्र पर पुल बना दिया था। जिसने जिस प्रकार प्रेम और विश्वास किया, उसका उसी प्रकार कार्य सिद्ध हुआ। 'र' और 'म' ही मेरे माता-पिता हैं। अब ये ही मेरे कल्याण और मोक्ष के एकमात्र साध न हैं।

भलो भली भाँति है जो मेरे कहे लागिहै।
मन राम-नाम सों सुभाय अनुरागिहै॥
राम-नाम को प्रभाउ जानि जूड़ी आगिहै।
सहित सहाय कलिकाल भीरु भागिहै॥
राम-नाम सों बिराग, जोग, जप जागिहै।
बाम बिधि भाल हू न करम दाग दागिहै॥
राम-नाम मोदक सनेह सुधा पागिहै।
पाइ परितोष तू न द्वार-द्वार बागिहै॥
राम-नाम काम-तरु जोइ-जोइ माँगिहै।
तुलसिदास स्वारथ परमारथ न खाँगिहै॥

हे मन! यदि तू भगवान् राम से प्रेम करेगा तो सब ओर से तेरा भला होगा। राम-नाम का प्रभाव ठिठुरनेवाली सर्दी का नाश करनेवाली अग्नि के समान है। राम-नाम के भय से मनुष्य की बुद्धि को भ्रमित कर देनेवाला कलियुग भी अपने काम, क्रोध आदि सहायकों के साथ तुरंत भाग जाता है। राम-नाम के प्रभाव से वैराग्य, योग, जप, तप आदि स्वयं ही जाग्रत हो जाते हैं। तुम्हारे सभी पाप और कुकर्म नष्ट हो जाएँगे। रामनाम रूपी लड्डू को खाते ही परम संतोष प्राप्त हो जाएगा। फिर आत्मिक सुख पाने के लिए इधर-उधर भटकने की कोई आवश्यकता नहीं होगी। हे तुलसीदास! राम-नाम कल्पवृक्ष है, इसलिए तू उससे स्वार्थ अथवा परमार्थ कुछ भी माँगेगा, सब मिल जाएगा। तुझे किसी बात की कमी नहीं रहेगी।

भीषणाकार, भैरव, भयंकर, भूत-प्रेत-प्रमथाधिपति, विपति-हर्ता।
मोह-मूषक-मार्जार, संसार-भय-हरण, तारण-तरण, अभयकर्ता॥
अतुल बल, विपुल विस्तार, विग्रह गौर, अमल अति धवल धरणीधराभं।
शिरसि संकुलित-कल-जूट पिंगलजटा, पटल शत-कोटि-विद्युच्छटाभं॥
भ्राज विबुधापगा आप पावन परम, मौलि-मालेव शोभा विचित्रं॥
इंदु-पावक-भानु-नयन, मर्दन-मयन, गुण-अयन, ज्ञान-विज्ञान-रूपं।
रमण-गिरिजा, भवन भूधराधिप सदा, श्रवण कुंडल, वदनछवि अनूपं॥
चर्म-असि-शूल-धर, डमरु-शर-चाप-कर, यान वृषभेश, करुणा-निधानं।
जरत सुर-असुर, नरलोक शोकाकुलं, मृदुल चित, अजित, कृत गरलपानं॥
भस्म तनु-भूषणं, व्याघ्र-चर्माम्बरं, उरग-नर-मौलि उर मालधारी।
डाकिनी, शाकिनी, खेचरं, भूचरं, यंत्र-मंत्र-भंजन, प्रबल कल्मषारी॥
काल अतिकाल, कलिकाल, व्यालादि-खग, त्रिपुर-मर्दन, भीम-कर्म भारी।
सकल लोकान्त-कल्पान्त शूलाग्र कृत दिग्गजाव्यक्त-गुण नृत्यकारी॥
पाप-संताप-घनघोर संसृति दीन, भ्रमत जग योनि नहिं कोपि त्राता।
पाहि भैरव-रूप राम-रूपी रुद्र, बंधु, गुरु, जनक, जननी, विधाता॥
यस्य गुण-गण गणति विमल मति शारदा, निगम नारद-प्रमुख ब्रह्मचारी।
शेष, सर्वेश, आसी आनंदवन, दास तुलसी प्रणत-त्रासहारी॥

शिव के भैरव रूप की स्तुति करते हुए तुलसीदास कहते हैं कि हे भीषण मूर्ति भैरव! आप अत्यंत भयंकर हैं; आप ही भूत, प्रेत और गणों के स्वामी हैं। मोहरूपी चूहे के लिए आप बिलाव हैं, जीवन-मृत्यु रूपी संसार के

समस्त भय को दूर करनेवाले हैं, सबको अभय प्रदान करनेवाले हैं। हे नाथ! आपके मस्तक पर चंद्रमा सुशोभित है। चंद्रमा, अग्नि एवं सूर्य आपके नेत्र हैं। आप कामदेव का दमन करनेवाले हैं। आप ही गुणों के भंडार और ज्ञान-विज्ञान हैं। आप केलास में निवास करते हुए पार्वतीजी के साथ विहार करते हैं। सृष्टि के कल्याण हेतु समुद्र-मंथन से निकलनेवाले हलाहल विष को आप निस्संकोच पी गए। डाकिनी, शाकिनी, खेचर, भूचर तथा यंत्र-मंत्र-तंत्र का नाश कर भक्तों को अभय प्रदान करनेवाले आप ही हैं। महाप्रलय के समय आप अपने त्रिशूल की नोंक से दिग्गजों को छेदकर नृत्य करते हैं। हे प्रभु! मैं पापग्रस्त होकर अनेक योनियों में भटक रहा हूँ। हे भैरव! हे राम रूपी शिव! आप ही एकमात्र मेरे उद्धारक हैं। ब्रह्माजी, सरस्वती, वेद, नारद आदि भी आपके गुणों का गान करते हैं। तुलसीदास कहते हैं कि भक्तों को अभय प्रदान करनेवाले भगवान् शिव काशी में विराजमान हैं।

मंगल मूरति मारुत नंदन। सकल-अमंगल-मूल-निकंदन॥
पवन तनय संतन-हितकारी। हृदय बिराजत अवध-बिहारी॥
मातु-पिता, गुरु, गनपति, सारद। सिवा-समेत संभु, सुक, नारद॥
चरन बंदि बिनवौं सब काहू। देहु रामपद-नेह-निबाहू॥
बंदौं राम-लखन-बैदेही। जे तुलसी के परम सनेही॥

रामभक्त हनुमान परम कल्याणकारी, भक्त-वत्सल, समस्त दुःखों एवं बुराइयों का नाश करनेवाले हैं। पवनदेव के पुत्र हनुमान संतों एवं महात्माओं का सदैव हित करते हैं। भगवान् राम सीताजी सहित साक्षात् रूप में इनके हृदय में निवास करते हैं। हनुमानजी, उनके माता-पिता, गुरु, गणेश, सरस्वती, पार्वती और भगवान् शिव के चरणों में प्रणाम कर मैं विनती करता हूँ कि श्रीराम के चरणों में मेरा अगाध प्रेम रहे, मुझे यही वरदान दें। अंत में भगवान् राम, सीताजी और लक्ष्मण को प्रणाम करता हूँ, जो तुलसीदास के परम प्रेमी और सर्वस्व हैं।

मन पछितैहै अवसर बीते।
दुरलभ देह पाइ हरिपद भजु, करम, बचन अरु ही ते॥
सहसबाहु दसबदन आदि नृप बचे न काल बलीते।
हम-हम करि धन-धाम सँवारे, अंत चले उठि रीते॥
सुत-बनितादि जानि स्वारथरत, न करु नेह सबही ते।

अंतहु तोहिं तजैंगे पामर! तू न तजै अबही ते॥
अब नाथहिं अनुरागु, जागु जड़, त्यागु दुरासा जी ते।
बुझै न/कि काम अगिनि तुलसी कहुँ विषय-भोग बहु घी ते॥

हे मन! मनुष्य-जन्म बीत जाने पर तुझे पछताना पड़ेगा। इसलिए दुर्लभ मनुष्य जन्म को इस प्रकार व्यर्थ मत जाने दे; तू कर्म, वचन एवं हृदय से भगवान् राम के चरण-कमलों का सुमिरन कर। सहस्रबाहु और रावण जैसे काल-विजयी भी काल से नहीं बच सके। जिन्होंने मोहवश अगाध धन व धान्य का संचय किया, वे भी इस लोक से खाली हाथ गए। घर-परिवार को स्वार्थी मानकर इनसे प्रेम मत जोड़। हे मूर्ख! अज्ञान रूपी निद्रा से जागकर प्रेम और भक्ति द्वारा भगवान् राम का शरणागत हो जा। हे तुलसीदास! जिस प्रकार घी डालने से अग्नि और भड़कती है, उसी प्रकार विषयों के मिलने से कामना बढ़ती जाती है। केवल संतोष रूपी जल ही इसे शांत कर सकता है।

मेरी न बनै बनाए मेरे कोटि कलप लौं
राम! रावरे बनाए बनै पल पाउ मैं।
निपट सयाने हौ कृपानिधान! कहा कहौं?
लिये बेर बदलि अमोल मनि आउ मैं॥
मानस मलीन, करतब कलिमल पीन
जीह हू न जप्यो नाम, बक्यो आउ-बाउ मैं।
कुपथ कुचाल चल्यो, भयो न भूलिहू भलो,
बाल-दसा हू न खेल्यो खेलत सुदाउ मैं॥
देखा-देखी दंभ तें कि संग तें भई भलाई,
प्रकटि जनाई, कियो दुरित-दुराउ मैं।
राग रोष दोष/द्वेष पोषे, गोगन समेत मन
इनकी भगति कीन्ही इनही को भाउ मैं॥
आगिली-पाछिली, अबहूँ की अनुमान ही तें
बूझियत गति, कछु कीन्हों तो न काउ मैं।
जग कहै राम की प्रतीति-प्रीति तुलसी हू।
झूठे-साँचे आसरो साहब रघुराउ मैं॥

हे श्रीराम! मेरे बनाए हुए साधनों द्वारा मेरी सद्गति अनेक जन्मों तक नहीं होगी; परंतु यदि आप कृपा कर दें तो यह पल भर में संभव हो जाएगा।

हे कृपानिधान! मैंने अनमोल मणि के समान आयु के बदले में विषय रूपी बेर ले लिये। अर्थात् अपना संपूर्ण जीवन विषय-वासनाओं में खो दिया, जिससे मेरा मन मलिन हो गया तथा कलियुग में मेरे कुकर्म और भी पुष्ट हो गए। जीभ से कभी आपका नाम नहीं जपा, निरंतर बुरे मार्ग की ओर अग्रसर रहा। सत्संग से सदैव दूर रहकर नित्य पापकर्म करता रहा। राग, द्वेष आदि विकारों का निरंतर पालन-पोषण करता रहा। मन आदि इंद्रियों को पूर्णतः स्वतंत्र कर दिया। अर्थात् मैंने जीवन भर कभी भला कार्य नहीं किया; किंतु संसार कहता है कि 'तुलसीदास केवल राम का है' और मुझे केवल आप पर ही विश्वास और प्रेम है। हे स्वामी! अब मैं आपकी शरण में हूँ।

मेरो भलो कियो राम आपनी भलाई।
हौं तो साईं-द्रोही पै सेवक-हित साईं॥
राम सों बड़ो है कौन, मो सों कौन छोटो।
राम सो खरो है कौन, मो सों कौन खोटो॥
लोक कहै रामको गुलाम हौं कहावौं।
एतो बड़ो अपराध भौ न मन बावौं॥
पाथ माथे चढ़े तृन तुलसी ज्यों नीचो।
बोरत न बारि ताहि जानि आपु सीचों॥

श्रीराम भले हैं, इसलिए उन्होंने मेरा भला कर दिया, क्योंकि वे सेवक के हितकारी हैं; जबकि मैं स्वामी के साथ बुराई करनेवाला हूँ। श्रीराम से बड़ा और मुझसे छोटा भला कौन हो सकता है? उनके समान खरा और मेरे समान खोटा कौन है? सेवक न होते हुए भी संसार कहता है कि तुलसी श्रीराम का सेवक है और मैं भी यह बात स्वीकार कर लेता हूँ। इससे बड़ा अपराध और क्या होगा? फिर भी श्रीराम के हृदय में मेरे लिए कोई अमंगल भाव नहीं उठा। हे तुलसी! जिस प्रकार तिनका जल के मस्तक पर चढ़ जाता है और जल भी उसे नहीं डुबोता, उसी प्रकार भगवान् श्रीराम भी शरणागत की रक्षा करते हैं।

मैं हरि पतित-पावन सुने।
मैं पतित तुम पतित-पावन दोउ बानक बने॥
ब्याध गनिका गज अजामिल साखि निगमनि भने।
और अधम अनेक तारे जात कापै गने॥

जानि नाम अजानि लीन्हें नरक सुरपुर* मने।
दास तुलसी सरन आयो, राखिए आपने॥

हे श्रीहरि! मैंने सुना है कि तुम पतितों को भी पवित्र करनेवाले हो। मैं पतित हूँ और तुम पतितपावन, दोनों का मेल हो गया। अब मेरे पवित्र होने में कोई संदेह नहीं है। वेद साक्षी हैं कि आपने व्याध (वाल्मीकि), गणिका (पिंगला वेश्या), गजेंद्र और अजामिल जैसे पापियों व अधर्मियों को भी भवसागर से पार उतार दिया। जिन्होंने अनजाने में ही तुम्हारा नाम ले लिया, वे स्वर्ग-नरक से मुक्त होकर आपके परम धाम चले गए। अर्थात् जीवन-मृत्यु के चक्र से मुक्त होकर वे मोक्ष के अधिकारी हुए। हे भगवान्! तुलसी भी आपकी शरण में है, उस पर कृपा करें।

यह बिनती रघुबीर गुसाईं।
और आस-बिस्वास-भरोसो, हरो जीव-जड़ताई॥
चहौं न सुगति, सुमति, संपति कछु, रिधि-सिधि बिपुल बड़ाई।
हेतु-रहित अनुराग राम-पद बढ़ै अनुदिन अधिकाई॥
कुटिल करम लै जाहिं मोहि जहँ जहँ अपनी बरिआई।
तहँ तहँ जनि छिन छोह छाँड़ियो, कमठ-अंडकी नाईं॥
या जगमें जहँ लगि या तनु की प्रीति प्रतीति सगाई।
ते सब तुलिसदास प्रभु ही सों होहिं सिमिमिट इक ठाईं॥

हे श्रीरघुनाथ! मेरी विनती है कि इस जीव को आपके अतिरिक्त दूसरे साधन, देवता या कर्मों पर जो आशा और विश्वास है, उस मूर्खता को आप नष्ट कर दें। हे श्रीराम! शुभ गति, सद्बुद्धि, धन-संपत्ति, मान-सम्मान—इनमें से मुझे कुछ नहीं चाहिए। मुझे केवल आपके चरण-कमलों में स्थान चाहिए, जिससे आपके प्रति मेरा प्रेम दिन-प्रतिदिन बढ़ता रहे। मेरे बुरे कर्म मुझे जिस भी योनि में ले जाएँ, आप मेरा साथ कदापि न छोड़ना। हे नाथ! इस संसार के समस्त बंधन, प्रेम, विश्वास और संबंध केवल आप तक सिमट जाएँ।

रघुपति-भगति करत कठिनाई।
कहत सुगम करनी अपार जानै सोइ जेहि बनि आई॥
जो जेहि कला कुसल ताकहँ सोइ सुलभ सदा सुखकारी।
सफरी सनमुख जल-प्रवाह सुरसरी बहै गज भारी॥
ज्यों सर्करा मिलै सिकता महँ, बल तें न कोउ बिलगावै।

अति रसग्य सूच्छम पिपीलिका, बिनु प्रयास ही पावै॥
सकल दृश्य निज उदर मेलि, सोवै निद्रा तजि जोगी।
सोइ हरिपद अनुभवै परम सुख, अतिसय द्वैत-बियोगी॥
सोक मोह भय हरष दिवस-निसि देस-काल तहँ नाहीं।
तुलसिदास यह दसाहीन संसय निरमूल न जाहीं॥

राम-भक्ति की बात करना सहज है, परंतु इसे करना बड़ा कठिन है। इसकी कठिनता केवल वही जानता है, जो इसे करता है। इसमें डूबनेवाले भक्तों के लिए ही यह सहज, सरल और सुख-प्रदायक है। जिस प्रकार छोटी सी मछली गंगा की धारा से निकल जाती है, परंतु विशालकाय हाथी बह जाता है; जिस प्रकार धूल में चीनी मिल जाए तो उसे अलग नहीं किया जा सकता, परंतु एक छोटी-सी चींटी उसे अलग कर लेती है, उसी प्रकार जो योगी अज्ञान रूपी निद्रा तथा विषय-वासनाओं को त्यागकर सच्चे हृदय से भगवान् का मनन-चिंतन करता है, वह ही परमानंद की अनुभूति कर सकता है। इस अवस्था में शोक, मोह, हर्ष, सुख, दु:ख इत्यादि कुछ शेष नहीं रहता; किंतु हे तुलसीदास! जब तक इस दशा की प्राप्ति नहीं होती तब तक संदेह का पूर्णत: नाश नहीं होता।

राम कबहुँ प्रिय लागिहौ जैसे नीर मीन को ?
सुख जीवन ज्यों जीव को, मनि ज्यों फनिको हित, ज्यों धन लोभ-लीन को॥
ज्यों सुभाय प्रिय लगति नागरी नागर नवीन को।
त्यों मेरे मन लालसा करिये करुनाकर! पावन प्रेम पीन को॥
मनसा को दाता कहैं श्रुति प्रभु प्रबीन को।
तुलसिदास को भावतो, भावतो, बलि जाउँ दयानिधि! दीजै दान दीन को॥

हे श्रीराम! जिस प्रकार मछली को जल, जीव को सुखमय जीवन, सर्प को मणि, लोभी को धन, नवयुवक को सुंदर नवयुवती प्रिय लगती है, क्या उसी प्रकार कभी आप मुझे प्यारे लगेंगे? हे भगवन्! आप मेरे हृदय में भी पवित्र और निष्काम प्रेम की उत्पत्ति कर दें। वेद कहते हैं कि आप भक्तों को मनोवांछित वस्तुएँ देनेवाले हैं। हे दयानिधान! इस तुलसीदास को भी इच्छित वस्तु प्रदान करें।

रामचंद्र! रघुनायक तुम सों हौं बिनती केहि भाँति करौं।
अघ अनेक अवलोकि आपने, अनघ नाम अनुमानि डरौं॥

पर-दुख दुखी सुखी पर-सुख ते, संत-सील नहिं हृदय धरौं।
देखि आनकी बिपति परम सुख, सुनि संपति बिनु आगि जरौं॥
भगति-बिराग-ग्यान साधन कहि बहु बिधि डहकत लोग फिरौं।
सिव-सरबस सुखधाम नाम तव, बेंचि नरकप्रद उदर भरौं॥
जानत हौं निज पाप जलधि जिय, जल-सीकर सम सुनत लरौं।
रज-सम पर-अवगुन सुमेरु करि, गुन गिरि-सम रजतें निदरौं॥
नाना बेष बयान दिवस-निसि, पर-बित जेहि तेहि जुगुति हरौं।
एकौ पल न कबहुँ अलोल चित हित दै पद-सरोज सुमिरौं॥
जो आचरन बिचारहु मेरो, कलप कोटि लगि औटि मरौं।
तुलसिदास प्रभु कृपा-बिलाकनि, गोपद-ज्यों भवसिंधु तरौं॥

हे श्रीराम! मैं किस प्रकार आपसे विनय करूँ? अपने अनंत पापों को देखकर तथा आपका पाप-रहित नाम सुनकर मेरा मन भयभीत हो रहा है। यद्यपि दूसरे के दुःख से दुःखी होना तथा दूसरे के सुख में सुखी होना संतों का स्वभाव है, तथापि उसे भी मैं कभी हृदय में धारण नहीं करता। दूसरों को विपत्ति में देखकर मुझे परम सुख और दूसरे के सुख को देखकर मुझे अपार दुःख होता है। ज्ञान, वैराग्य, ज्ञान आदि का उपदेश देकर मैं लोगों को ठगता रहता हूँ तथा तुम्हारे नाम से अपना भरण-पोषण करता हूँ। महापापी होने के बाद भी मैं इस बात को स्वीकार नहीं करता; स्वयं को पुण्यात्मा और परोपकारी कहलाना मुझे प्रिय लगता है। अपने तुच्छ गुणों को भी बढ़ा-चढ़ाकर बताना तथा दूसरे के श्रेष्ठ गुणों को भी तुच्छ समझना—यही मेरा स्वभाव है। मेरा मन कभी भी एक पल को एकाग्रचित्त होकर तुम्हारा सुमिरन नहीं करता। यदि मैं अपने पापों का वर्णन करने लगूँ तो उनके निवारण के लिए मुझे अनेक जन्मों तक संसार रूपी अग्नि में जलना पड़ेगा। परंतु हे प्रभु! यदि आप एक बार कृपा कर देंगे तो मैं इन सबसे मुक्त होकर सहज ही मोक्ष प्राप्त कर लूँगा।

राम जपु, राम जपु, राम जपु बावरे।
घोर भव-नीर-निधि नाम निज नाव रे॥
एक ही साधन सब रिद्धि-सिद्धि साधि रे।
ग्रसे कलि-रोग जोग-संजम-समाधि रे॥
भलो जो है, पोच जो है, दाहिनो जो, बाम रे।
राम-नाम ही सों अंत सब ही को काम रे॥
जग नभ-बाटिका रही है फलि फूलि रे।

धुवाँ कैसे धौरहर देखि तू न भूलि रे॥
राम-नाम छाड़ि जो भरोसो करै और रे।
तुलसी परोसो त्यागि माँगै कूर कौर रे॥

हे मन! केवल राम-नाम जप, राम-नाम जप। इस संसार रूपी भयंकर भवसागर को पार करने के लिए राम-नाम नौका के समान है। अर्थात् संसार के बंधनों से मुक्त होने के लिए राम-नाम का जाप कर। इसी एकमात्र साधन से अनेक ऋद्धि-सिद्धियाँ प्राप्त की जा सकती हैं; क्योंकि योग, संयम और समाधि को कलियुग रूपी रोग ने ग्रस लिया है। यह जगत् सर्वथा मिथ्या है, तू धुएँ के महलों की भाँति क्षण में दिखने और मिटनेवाले सांसारिक पदार्थों को देखकर भ्रमित मत हो। हे तुलसीदास! जो राम-नाम का आश्रय छोड़कर दूसरे पर विश्वास करते हैं, वे सामर्थ्य होते हुए भी जीवन भर भटकते रहते हैं।

राम! राखिए सरन, राखि आए सब दिन।
बिदित त्रिलोक तिहुँ काल न दयालु दूजो,
आरत-प्रनन-पाल को है प्रभु बिन॥
लाले पाले, पोषे तोषे आलसी-अभागी-अघी,
नाथ! पै अनाथनिसों भये न उरिन।
स्वामी समरथ ऐसो, हौं तिहारो जैसो-तैसो
काल-चाल हेरि होति हिये घनी घिन॥
खीझि-रीझि, बिहँसि-अनख, क्यों हूँ एक बार
'तुलसी तू मेरो,' बलि, कहियत किन?
जाहिं सूल निरमूल, होहिं सुख अनुकूल,
महाराज राम! रावरी सौं, तेहि छिन॥

हे श्रीराम! मुझे निर्लज्ज, नीच, कंगाल और अवगुणों से युक्त पापी का न तो आपके अतिरिक्त कोई स्वामी है और न ही कोई ठिकाना है। अतः मुझ शरणागत को सदैव अपनी शरण में रखना। यद्यपि संसार में अनेक स्वामी हैं, परंतु वे सभी स्वार्थ से घिरे हुए हैं। मैं सुग्रीव के मित्र और विभीषण के हितैषी भगवान् राम को छोड़कर कहीं शरण नहीं पा सकता। हे नाथ! आप आश्रितों के दुःखों का नाश कर उन्हें सुख प्रदान करनेवाले हैं। आपका नाम लेते ही वे दुःख एवं शोक से मुक्त हो जाते हैं। इसलिए हे कृपासागर! अब आप इस तुलसीदास को अपना दास बना लें।

राम-राम, राम-राम, राम-राम जपत।
मंगल-मुद उदित होत, कलि-मल-छल छपत॥
कहु के लहे फल रसाल, बबुर बीज बपत।
हारहि जनि जनम जाय गाल गूल गपत॥
काल, करम, गुन, सुभाउ सबके सीस तपत।
राम-नाम-महिमा की चरचा चले चपत॥
साधन बिनु सिद्धि सकल बिकल लोग लपत।
कलिजुग बर बनिज बिपुल, नाम-नगर खपत॥
नाम सों प्रतीति-प्रीति हृदय सुथिर थपत।
पावन किए रावन-रिपु तुलसिहु-से अपत॥

हे मन! राम-नाम के निरंतर जाप से हृदय में ज्ञान और आनंद का उदय होता है; इसके प्रभाव से कलियुग के पाप और छल भी छिप जाते हैं। भला बबूल के बीज बोकर आम केसे प्राप्त किए जा सकते हैं? इसलिए हे मन! तू व्यर्थ के कार्यों में उलझकर दुर्लभ मनुष्य-जन्म को नष्ट मत कर। काल, कर्म, गुण और स्वभाव—इनके प्रभाव से सभी को दुःख और कष्ट भोगने पड़ते हैं; परंतु राम-नाम का जाप करने से इनका प्रभाव नष्ट हो जाता है। इसलिए हे मन! तू निरंतर राम-नाम का जाप कर। कलियुग के पापों का समूह भी राम-नाम के तेज से नष्ट हो जाता है। राम-नाम ने ही रावण जैसे पापी और तुलसी जैसे पतित को पावन कर दिया है।

राम-से प्रीतम की प्रीति-रहित जीव जाय जियत।
जेहि सुख सुख मानि लेत, सुख सो समुझ कियत॥
जहँ-जहँ जेहि जोनि जनम महि, पताल, बियत।
तहँ-तहँ तू बिषय-सुखहिं, चहत लतह नियत॥
कत बिमोह लट्यो, फट्यो गगन मगन सियत।
तुलसी प्रभु-सुजस गाइ, क्यों न सुधा पियत॥

जो जीव राम रूपी प्रियतम से प्रेम नहीं करता, वह अपना जीवन व्यर्थ ही गँवाता है। हे जीव! तू जिस विषय-वासना को सुख मान रहा है, वे क्षण भंगुर हैं। तूने जिस-जिस योनि में जन्म लिया, वहाँ-वहाँ तूने विषय-वासनाओं की लालसा की। विधाता ने तुझे वे प्रदान भी किए, परंतु तुझे वास्तविक सुख की प्राप्ति नहीं हुई। अतः हे तुलसी! यदि तुझे सुख और आनंद की कामना है तो भगवान् राम की शरण में जा। तुझे सबकुछ प्राप्त हो जाएगा।

लाभ कहा मानुष-तनु पाये।
काय-बचन-मन सपनेहुँ कबहुँक घटत न काज पराये॥
जे सुख सुरपुर-नरक, गेह-बन आवत बिनहिं बुलाये।
तेहि सुख कहँ बहु जतन करत मन, समुझत नहिं समुझाये॥
पर-दारा, पर-द्रोह, मोहबस किये मूढ़ मन भाये।
गरभबास दुखरासि जातना तीब्र बिपति बिसराये॥
भय-निद्रा, मैथुन-अहार, सबके समान जग जाये।
सुर-दुरलभ तनु धरि न भजे हरि मद अभिमान गँवाये॥
गई न निज-पर-बुद्धि, सुद्ध ह्वै रहे न राम-लय लाये।
तुलसिदास यह अवसर बीते का पुनि के पछिताये॥

हे जीव! यदि तुम कभी स्वप्न में भी मन, वाणी और शरीर से किसी के काम नहीं आए तो तुम्हारा मनुष्य-जन्म व्यर्थ है। स्वर्ग, नरक, घर और वन में जो विषय संबंधी सुख बिना प्रयत्न के प्राप्त हो जाता है, हे मन! तू उस सुख की प्राप्ति के लिए प्रयत्न कर रहा है? हे मूर्ख! अज्ञान के वशीभूत होकर तूने अनेक कुकर्म किए। इसके कारण तूने विभिन्न योनियों में जन्म लेकर अनेक कष्ट भोगे। यद्यपि संसार में जन्म लेनेवाले असंख्य जीव हैं, परंतु दुर्लभ मनुष्य-शरीर पाकर तुमने उससे भगवान् का सुमिरन नहीं किया और अहंकार में भरकर उसे खो दिया। जिनकी बुद्धि तेरे-मेरे के कारण नष्ट नहीं हुई और शुद्ध अंत:करण से जिन्होंने श्रीराम में चित्त को लीन नहीं किया, हे तुलसीदास! मनुष्य-योनि का सुअवसर निकल जाने पर फिर उन्हें पछताने से क्या मिलेगा? इसलिए भगवान् का सुमिरन कर।

श्रीरामचंद्र कृपालु भजु मन हरण भवभय दारुणं।
नवकंज-लोचन कंज-मुख, कर-कंज पद कंजारुणं॥
कंदर्प अगणित अमित छवि, नवनील नीरद सुंदरं।
पट पीत मानहु तड़ित रुचि शुचि नौमि जनक सुतावरं॥
भजु दीनबंधु दिनेश दानव-दैत्य-वंश निकंदनं।
रघुनंद आनँदकंद कोशलचंद दशरथ-नंदनं॥
सिर मुकुट कुंडल तिलक चारु उदारु अंग विभूषणं।
आजानुभुज शर-चाप-धर संग्राम-जित-खरदूषणं॥
इति वदति तुलसीदास शंकर-शेष-मुनि-मन-रंजनं।
मम हृदय कंज निवास कुरु कामादि खल-दल गंजनं॥

हे मन! तू कृपालु भगवान् श्रीराम का भजन कर। जन्म-मरण रूपी दारुण भय को केवल वे ही दूर करने वाले हैं। उनके नेत्र, मुख, हाथ और चरण लाल कमल के समान हैं। उनके सौंदर्य की छटा अनगिनत कामदेवों से बढ़कर है। उनके शरीर का वर्ण नीले मेघ के समान सुंदर है। उस पर मेघ रूपी शरीर पर सुशोभित पीतांबर बिजली की तरह चमक रहा है। ऐसे परम पावन स्वरूपवाले श्रीराम को मैं नमस्कार करता हूँ। हे मन! दीनों के बंधु, सूर्य के समान तेजस्वी, दानव और दैत्यों के वंश का समूल नाश करनेवाले, आनंद प्रदान करनेवाले, चंद्रमा के समान, दशरथनंदन श्रीराम का भजन कर। जिनके मस्तक पर रत्नजड़ित मुकुट, कानों में कुंडल, भाल पर सुंदर तिलक तथा अंगों पर सुंदर आभूषण सुशोभित हैं; जिनके हाथों में धनुष-बाण और कंधों पर तरकस हैं; जिन्होंने पल भर में खर-दूषण को जीत लिया; जो शिव, शेष और मुनियों के मन को प्रसन्न करनेवाले तथा काम, क्रोध आदि विकारों का नाश करने वाले हैं, ऐसे भगवान् राम तुलसीदास के हृदय में सदा निवास करते हैं।

सकल सुखकंद आनंदवन-पुण्यकृत, बिंदुमाधव द्वंद्व-विपतिहारी।
यस्यंघ्रिपाथोज अज-शंभु-सनकादि-शुक-शेष-मनुवृंद-अलि-निलयकारी॥
अमल मरकत श्याम, काम शतकोटि छवि, पीतपट तड़ित इव जलदनीलं।
अरुण शतपत्र लोचन, विलोकनि चारु, प्रणतजन-सुखद करुणार्द्रशीलं॥
काल-गजराज-मृगराज, दनुजेश-वन-दहन पावक, मोह-निशि-दिनेशं।
चारिभुज चक्र-कौमोदकी-जलज-दर, सरसिजोपरि यथा राजहंसं॥
मुकुट, कुंडल, तिलक, अलक अलिव्रात इव, भृकुटि, द्विज, अधरवर, चारुनासा।
रुचिर सुकपोल, दर ग्रीव सुखसीव, हरि, इंदुकर-कुंदमिव मधुरहासा॥
उरसि वनमाल सुविशाल नवमंजरी, भ्राज श्रीवत्स-लांछन उदारं।
परम ब्रह्मन्य, अतिधन्य, गतमन्यु, अज, अमितबल, विपुल महिमा अपारं॥
हार-केयूर, कर कनक कंकन रतन-जटित मणि-मेखला कटिप्रदेशं।
युगल पद नूपुरामुखर कलहंसवत, सुभग सर्वांग सौंदर्य वेशं॥
सकल सौभाग्य-संयुक्त त्रैलोक्य-श्री दक्षि दिशि रुचिर वारीश-कन्या।
बसत विबुधापगना निकट तट सदनवर, नयन निरखंति नर तेऽति धन्या॥

हे माधव! आप सुखों की वर्षा करनेवाले मेघ हैं। परम पुण्यमय काशी को पवित्र करनेवाले हैं; राग-द्वेष द्वारा उत्पन्न होनेवाली विपत्ति को हरनेवाले हैं। ब्रह्मा, शिव, सनकादि मुनिजन, शुकदेव, शेषनाग—सभी भौंरे बनकर आपके

चरण-कमलों में निवास करते हैं। अनेक कामदेवों की तरह आपकी सुंदरता है। आपके शरीर पीतांबर नीले बादल में बिजली के समान सुशोभित है। आपके नेत्र कमल के समान हैं। आपकी सुंदर चितवन भक्तों को सुख प्रदान करनेवाली है। आप काल रूपी हाथी को मारनेवाले सिंह, राक्षस रूपी वन को जलाने के लिए अग्नि और मोह रूपी रात्रि का नाश करनेवाले सूर्य के समान हैं। आपकी चारों भुजाओं में शंख, चक्र, गदा और कमल सुशोभित हैं। आप ब्राह्मणों का आदर करनेवाले; क्रोध-रहित, अजन्मे, पराक्रमी और अनंत हैं। आपके समस्त अंग सुंदर और वेश सुंदरतामय है। तीनों लोकों को ऐश्वर्य प्रदान करने वाली महालक्ष्मी आपके वामभाग में सुशोभित हैं। आप भक्तों के दु:खों एवं कष्टों का नाश करनेवाले, विश्व का सृजन-पालन-संहार करनेवाले तथा योगियों को सिद्धियाँ प्रदान करनेवाले हैं। हे भगवन्! मुझ तुलसीदास को संसार रूपी सर्प निगल रहा है। हे गरुड़ की सवारी करनेवाले प्रभु! कृपा कर मुझे बचा लीजिए।

सहज सनेही रामसों तैं कियो न सहज सनेह।
तातें भव-भाजन भयो, सुनु अजहुँ सिखावन एह॥
ज्यों मुख मुकुर बिलोकिये अरु चित न रहै अनुहारि।
त्यों सेवतहुँ न आपने, ये मातु-पिता, सुत-नारि॥
दै दै सुमन तिल बासिकै, अरु खरि परिहरि रस लेत।
स्वारथ हित भूतल भरे, मन मेचक, तन सेत॥
करि बीत्यो, अब करतु है करिबे हित मीत अपार।
कबहुँ न कोउ रघुबीर सो नेह निबाहनिहार॥
जासों सब नातों फुरै, तासों न करी पहिचानि।
तातें कछू समुझ्यो नहीं, कहा लाभ कह हानि॥
साँचो जान्यो झूठको, झूठे कहँ साँचो जानि।
को न गयो को जात है, को न जैहै करि हितहानि॥
बेद कह्यो, बुध कहत हैं, अरु हौंहुँ कहत हौं टेरि।
तुलसी प्रभु साँचो हितू, तू हिय की आँखिन हेरि॥

हे कृपासिंधु! दिन-रात मैं अपने मन को मारे रखता हूँ। काम, क्रोध, मद, लोभ और मोह—मित्र बनकर मेरे साथ रहते हैं, लेकिन मुझे मारना भी चाहते हैं। ये मेरे बिना रहते भी नहीं और मेरे साथ ही छल करते हैं। मैंने समस्त विषय भोग लिये हैं फिर भी इन विकारों ने मुझे जादू की लकड़ी बना

दिया है। ये जैसा चाहते हैं, मैं वैसा ही नाचता हूँ। कर्म ये करते हैं, परंतु फल मुझे भोगना पड़ता है। हे प्रभु! मैं बहुत ही असमंजस में हूँ। आप ही हाथ पकड़कर मुझे इससे बाहर निकालें। आपकी कृपादृष्टि होने से तुलसी का दुःख सरलतापूर्वक भाग जाएगा।

सिव! सिव! होइ प्रसन्न करु दाया।
करुनामय उदार कीरति, बलि जाउँ हरहु निज माया॥
जलज-नयन, गुन-अयन, मयन-रिपु, महिमा जान कोई।
बिनु तव कृपा राम-पद-पंकज, सपनेहुँ भगति न होई॥
रिषय, सिद्ध, मुनि, मनुज, दनुज, सुर, अपर जीव जग माहीं।
तब पद बिमुख न पार पाव कोउ, कलप कोटि चलि जाहीं॥
अहिभूषन, दूषन-रिपु-सेवक, देव-देव, त्रिपुरारी।
मोह-निहार-दिवाकर संकर, सरन सोक-भयहारी॥
गिरिजा-मन-मानस-मराल, कासीस, मसान-निवासी।
तुलसिदास हरि-चरन-कमल-बर, देहु भगति अबिनासी॥

हे कल्याण रूपी शिव! आप करुणामय हैं, प्रसन्न होकर मुझपर दया करें। सब ओर आपकी कीर्ति फैली हुई है। मुझे अपनी माया से मुक्त करें। आपके नेत्र कमल के समान हैं, आप सर्वगुण संपन्न हैं। आपकी कृपा के बिना कोई भी आपकी माया को नहीं जान सकता। ऋषि, सिद्ध, मुनि, मनुष्य, दैत्य, देवता—करोड़ों वर्षों तक आपसे विमुख रहने के बाद भी सांसारिक माया से पार नहीं पा सकते। हे शिव! आप मोह रूपी अंधकार को दूर करनेवाले तथा शरणागत जीवों का शोक हरनेवाले हैं। हे शिव! तुलसीदास को श्रीहरि के श्रेष्ठ चरण-कमलों में अनन्य भक्ति का वरदान दीजिए।

सुनहु राम रघुबीर गुसाईं, मन अनीति-रत मेरो।
चरन-सरोज बिसारि तिहारे, निसिदिन फिरत अनेरो॥
मानत नाहिं निगम-अनुसासन, त्रास न काहू के रो।
भूल्यो सूल करम-कोलुन्ह तिल ज्यों बहु बारनि पेरो॥
जहँ सतसंग कथा माधव की, सपनेहुँ करत न फेरो।
लोभ-मोह-मद-काम-कोह-रत, तिन्हसों प्रेम घनेरो॥
पर-गुन सुनत दाह, पर-दूषन सुनत हरख बहुतेरो।
आप पापको नगर बसावत, सहि न सकत पर खेरो॥

साधन-फल, श्रुति-सार नाम तव, भव-सरिता कहँ बेरो।
सो पर-कर काँकिनी लागि सठ, बेंचि होत हठि चेरो॥
कबहुँक हौं संगति-प्रभाव तें, जाउँ सुमारग नेरो।
तब करि क्रोध संग कुमनोरथ देत कठिन भटभेरो॥
इक हौं दीन, मलीन, हीनमति, बिपतिजाल अति घेरो।
तापर सहि न जाय करुनानिधि, मन को दुसह दरेरो॥
हारि पर्‌यो करि जतन बहुत बिधि, तातें कहत सबेरो।
तुलसिदास यह त्रास मिटै जब हृदय करहु तुम डेरो॥

हे राम! हे रघुनाथ! अन्याय में उलझा हुआ मेरा मन आपके चरण-कमलों को विस्मृत कर इधर-उधर विषय-वासनाओं में भटक रहा है। यह न तो वेद की आज्ञा मानता है और न ही इसे किसी का भय है। इसे कई बार कर्म रूपी कोल्हू में पीसा गया है, परंतु यह सभी कष्ट भूल गया है। जहाँ सत्संग अथवा भगवान् की कथा होती है, उस ओर यह भूलकर भी नहीं जाता। दूसरों के गुणों से ईर्ष्या करता है तथा अवगुणों को सुनकर प्रसन्न होता है। इसे स्वयं के बड़े-से-बड़े पाप भी दृष्टिगोचर नहीं होते। जो राम-नाम भवसागर को पार करने का एकमात्र साधन है, उसे अपने स्वार्थ हेतु गली-गली बेचता है। यदि सत्संग के प्रभाव से यह भगवन्मार्ग की ओर अग्रसर होता है तो विषय-भोगों का लोभ इसे पुनः सांसारिक बंधनों की ओर धकेल देता है। हे प्रभु! मैं दीन-मन के इस धक्के को किस प्रकार सह सकता हूँ? तुलसीदास का उद्धार अब तभी होगा, जब आप स्वयं उसके हृदय में निवास करेंगे।

सुनु मन मूढ़ सिखावन मेरो।
हरि-पद-बिमुख लह्यो न काहु सुख, सठ! यह समुझ सबेरो॥
बिछुरे ससि-रबि मन-नैननितें, पावत दुख बहुतेरो।
भ्रमत श्रमित निसि-दिवस गगन महँ, तहँ रिपु राहु बड़ेरो॥
जद्यपि अति पुनीत सुरसरिता, तिहुँ पुर सुजस घनेरो।
तजे चरन अजहूँ न मिटत नित, बहिबो ताहू केरो॥
छुटै न बिपति भजे बिनु रघुपति, श्रुति संदेहु निबेरो।
तुलसिदास सब आस छाँड़ि करि, होहु राम को चेरो॥

हे मूर्ख मन! श्रीहरि से विमुख होकर संसार में किसी ने सुख नहीं पाया। मेरी इस सीख को भली-भाँति समझ ले। अभी भी कुछ नहीं बिगड़ा, उनकी शरण में जाने से तेरा भला हो जाएगा। जब से सूर्य और चंद्रमा भगवान् के नेत्र और मन

से अलग हुए हैं, तभी से अनेक दुःख भोग रहे हैं। दिन-रात वे आकाश में भटकते रहते हैं। इनका प्रबल शत्रु राहु भी इन्हें ग्रसता रहता है। यद्यपि गंगा देवनदी है और तीनों लोकों में उसका बड़ा यश है, परंतु भगवान् के चरणों से अलग होकर आज तक वह नित्य बह रही है। श्रीराम के भजन के बिना विपत्तियों एवं दुःखों का नाश नहीं होता। वेदों ने भी इस बात को स्पष्ट किया है। इसलिए हे तुलसीदास! समस्त प्रकार की कामनाओं का त्यागकर श्रीराम के चरणों का दास बन जा।

सुमिरु सनेह-सहित सीतापति। रामचरन तजि नहिंन आनि गति॥
जप, तप, तीरथ, जोग समाधी। कलिमति बिकल, न कछु निरुपाधी॥
करतहुँ सुकृति न पाप सिराहीं। रकतबीज जिमि बाढ़त जाहीं॥
हरति एक अघ-असुर-जासिका। तुलसिदास प्रभु-कृपा-कालिका॥

हे मन! भगवान् श्रीराम के चरणों को छोड़कर तेरी कहीं गति नहीं है। इसलिए तू श्रीजानकी-वल्लभ का प्रेमपूर्वक सुमिरन कर। यद्यपि ईश्वर-प्राप्ति के लिए जप, तप, तीर्थ, व्रत, समाधि, योग आदि कई साधन हैं, परंतु कलियुग में जीवों की बुद्धि स्थिर नहीं है। इसलिए इन साधनों में अनेक विकार उत्पन्न हो गए हैं। पुण्य करने के उपरांत भी पापों का समूल नाश नहीं होता, अपितु दिन-प्रतिदिन ये बढ़ते जा रहे हैं। अतः हे तुलसीदास! ऐसे में केवल भगवान् राम की कृपा ही पाप रूपी राक्षसों के संहार के लिए सर्वथा उपयुक्त है।

सेवहु सिवचरन सरोज-रेनु। कल्यान-अखिल-प्रद कामधेनु॥
कर्पूर-गौर, करुना-उदार। संसार-सार, भुजगेन्द्र-हार॥
सुख-जन्मभूमि, महिमा अपार। निर्गुन, गुननायक, निराकार॥
त्रयनयन, मयन-मर्दन महेस। अहँकार निहार-उदित दिनेस॥
बर बाल निसाकर मौलि भ्राज। त्रैलोक-सोकहर प्रमथराज॥
जिन्ह कहँ बिधि सुगति न लिखी भाल। तिन्ह की गति कासीपति कृपाल॥
उपकारी कोऽपर हर-समान। सुर-असुर जरत कृत गरल पान॥
बहु कल्प उपायन करि अनेक। बिनु संभु-कृपा नहिं भव-बिबेक॥
बिग्यान-भवन, गिरिसुता-रमन। कह तुलसिदास मम त्राससमन॥

हे मन! कल्याणकारी कामधेनु के समान भगवान् शिव के चरणों की निरंतर सेवा करो। भगवान् शिव कपूर के समान गौर वर्ण हैं, करुणा करने में

बहुत उदार और संसार में आत्मरूप सार-तत्त्व हैं। उनके गले में सर्पों का हार सुशोभित है। उनकी अपार महिमा है। वे तीनों गुणों से अतीत हैं तथा सभी गुणों के स्वामी हैं। उनके तीन नेत्र हैं; वे कामदेव का मर्दन करने वाले महेश्वर तथा अहंकाररूप कोहरे के लिए सूर्य के समान हैं। उनके मस्तक पर चंद्रमा सुशोभित है। जिनकी कोई गति नहीं है, वे भी भगवान् शिव का आशीर्वाद प्राप्त कर सुगति प्राप्त कर लेते हैं। सृष्टि-कल्याण के लिए उन्होंने ही हलाहल विष का पान किया था। अनेक प्रयास करने के बाद भी भगवान् शिव की कृपा के बिना संसार के वास्तविक स्वरूप को समझना असंभव है। तुलसीदास कहते हैं कि हे पार्वती-रमण शंकर! आप मेरे भय को दूर करनेवाले हैं।

हरि तुम बहुत अनुग्रह कीन्हों।
साधन-धाम बिबुध दुरलभ तनु, मोहि कृपा करि दीन्हों॥
कोटिहुँ मुख कहि जात न प्रभुके, एक एक उपकार।
तदपि नाथ कछु और माँगिहौं, दीजै परम उदार॥
बिषय-बारि मन-मीन भिन्न नहिं होत कबहुँ पल एक।
ताते सहौं बिपति अति दारुन, जनमत जोनि अनेक॥
कृपा-डोरि बनसी पद अंकुस, परम प्रेम-मृदु-चारो।
एहि बिधि बेधि हरहु मेरो दुख, कौतुक राम तिहारो॥
हैं श्रुति-बिदित उपाय सकल सुर, केहि केहि दीन निहोरै।
तुलसिदास येहि जीव मोह-रजु, जेहि बाँध्यो सोइ छोरै॥

हे श्रीहरि! आपने देवताओं के लिए भी दुर्लभ मनुष्य-शरीर देकर मुझ पर बड़ी अनुकंपा की है। आपके उपकार का वर्णन करना मेरे लिए असंभव है। हे नाथ! आप इतने उदार हैं कि मैं जो कुछ माँगता हूँ, आप बिना संकोच के मुझे प्रदान कर देते हैं। हे प्रभु! मेरा मन रूपी मच्छ विषय रूपी जल से एक पल के लिए भी अलग नहीं होता। इसके कारण मैं विभिन्न योनियों में भटकते हुए अनेक दु:ख भोग रहा हूँ। हे श्रीराम! इस मच्छ को पकड़ने के लिए आप अपनी कृपा की डोरी बनाएँ। उस पर अपने चरण के चिह्न को अंकुश, वंशी को काँटा बनाएँ और उस पर प्रेम रूपी चारा चिपका दें। इस प्रकार मेरे मन रूपी मच्छ को विषय रूपी जल से बाहर निकालकर मेरे दु:खों का हरण करें। हे तुलसीदास! जिसने इस जीव को मोह में डाला है, वे ही इसे मुक्त करेंगे।

हे हरि! कवन दोष तोहिं दीजै।
जेहि उपाय सपनेहुँ दुरलभ गति, सोइ निसि-बासर कीजै॥
जानत अर्थ अनर्थ-रूप, तमकूप परब यहि लागे।
तदपि न तजत स्वान अज खर ज्यों, फिरत बिषय अनुरागे॥
भूत-द्रोह कृत मोह-बस्य हित आपन मैं न बिचारो।
मद-मत्सर-अभिमान ग्यान-रिपु, इन महँ रहनि अपारो॥
बेद-पुरान सुनत समुझत रघुनाथसकल जगब्यापी।
बेधत नहिं श्रीखंड बेनु इव, सारहीन मन पापी॥
मैं अपराध-सिंधु करुनाकर! जानत अंतरजामी।
तुलसिदास भव-ब्याल-ग्रसित तव सरन उरग-रिपु-गामी॥

हे श्रीहरि! इसमें तुम्हारा कोई दोष नहीं है। मैं ही दिन-रात उन कर्मों को करता रहा, जिनके द्वारा स्वप्न में भी मोक्ष मिलना दुर्लभ है। इंद्रियों के भोग अनर्थ रूप हैं; इनमें फँसकर अज्ञान रूपी कुएँ में गिरना होगा—यह जानते हुए भी मैं विषय-वासनाओं में आसक्त होकर भटकता रहा। मद, ईर्ष्या, लोभ, काम, अहंकार आदि ज्ञान के शत्रुओं को मित्र समझता रहा। वेद-पुराणों में पढ़ता-सुनता रहा कि भगवान् राम समस्त संसार में विद्यमान हैं। फिर भी मेरा विवेकहीन मन इस बात को अस्वीकार कर पाप-कर्मों में लिप्त रहा। हे राम! हे करुणा की खान! मैं पापों का अथाह सागर हूँ; तुम अंतर्यामी यह बात अच्छी तरह से जानते हो। इसलिए हे गरुड़गामी! संसार रूपी सर्प से डँसा हुआ यह तुलसीदास आपकी शरण में है। इस पर कृपा करें, जिससे संसार रूपी सर्प इसे मुक्त कर दूर भाग जाएँ।

□□□